面白い！のつくり方

岩下智

CCCメディアハウス

はじめに

「面白いってなんだろう？」

これは、私がデザイナーという職業についてから、ずっと悩み考え続けているテーマです。

人は誰しも、無意識のうちに自分が「面白い！」と思うものに惹かれます。しかしながら、いざ何かを表現する側に立ってみると、面白いものを生み出すことの難しさに直面することが多いのではないでしょうか。それは、『「面白い」とはどういうことなのか』ということを、普段からハッキリと認識して生活しているわけではないからです。

この漠然としたテーマを少しでも体系的に捉えることができれば、きっと表現活動のヒントになるのではないかと、私は考えました。この本では特に、「面白い表現とは何か」、「面白い表現をするにはどうすればいいか」ということを、みなさんと一緒に考えていきたいと思います。

ここでいう「表現」とは、何もクリエイターだけが行うものではありません。クリエイターではない人でも、実は普段から創造的な表現活動をしているのです。

例えば、SNSで自分の撮った写真をシェアしたり、友達とチャットで会話したりするのは、多くの人がやっている表現活動です。「この写真はもう少しボカした方がカワイイかな」とか「こっちのスタンプの方がウケるかな」などと考えてコミュニケーションすることも、十分にクリエイティブな自己表現活動と言えるのです。特に、スマホが普及してからというもの、写真や言葉を使って自己表現をする機会が、昔に比べて多くなりました。

他にも、毎朝その日にどんな服を着るか考えることや、家族のために晩御飯のメニューを考えること、取引先に事務的なメールを打つといったようなことでさえ、そこには何らかの自己表現があるはずです。もっと言えば、普段の何でもない会話でさえ、十分に自己表現活動であると言えるのです。こうした誰もが無意識に行なっている小さな表現活動の中に、少しだけでも「面白さ」をプラスすることができたら、きっと毎日がちょっと楽しくなるはずです。

この本が、みなさんにとって毎日をより楽しく生きるためのヒントになれば幸いです。

「面白い!」のつくり方

目次

第3章

「面白さの観察」をしてみよう

第4章　「面白い！」のつくり方

第5章　「面白さの法則」を見つけよう

第6章 なぜ「面白さ」が必要なのか

装画　著　者
装丁・本文デザイン　轡田昭彦＋坪井朋子
校正　円水社
企画協力　森久保美樹（ＮＰＯ法人 企画のたまご屋さん）

第1章

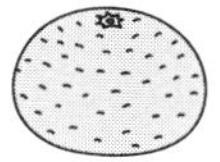

面白いってなんだろう？

面白いことコンプレックス

「面白い」と感じることとは、とても不思議です。例えば、目の前に小さな子どもが一人いたとして、そこに二つの全く異なるオモチャがあるとします。「どちらか好きな方を選んでいいよ」と言われたら、その子どもは少し考えてから、「うーん、こっちの方が面白そう!」という直感で、どちらかを選ぶでしょう。

人は誰でも、目の前のモノやコトに対して「面白いかどうか」を感じるアンテナのようなものを持ち合わせていて、何かを選択するときには、瞬時にそれを判断しているのです。

「面白い」という感覚(感覚という表現が正しいのかどうかについては、後でまた考察します)は、それだけ人間が無意識下で感じているものなのです。「なぜそれを面白いと思うのか」ということを、いちいち頭で考えて判断しているわけではありません。だからこそ、自分が何かを創り出すときには、「面白さ」を意識的に表現するのが難しいと感じるのです。

例えば、誰もが「おいしい」という感覚を持ち合わせているはずなのに、いざ「おいしい料理」を作ろうとすると、簡単にはできないのと同じようなことです。「面白い」というのは、きっと「おいしい」「まずい」とか「好き」「嫌い」などと同じくらい、根源的で直感的なものなのです。

オランダの歴史家ヨハン・ホイジンガ氏は、人間と「遊び」の関係性について探求した著書『ホモ・ルーデンス』の冒頭で、次のように語っています。

（略）自然はわれわれに遊びを、それもほかならぬ緊張、歓び、面白さというものをもった遊びを与えてくれたのである。

この最後の要素、遊びの「面白さ」は、どんな分析も、どんな論理的解釈も受けつけない。オランダ語の「aardigheid（アールディヒヘイト＝面白さ）」という言葉が、最もよくその特徴を示している。この言葉のもとになっているaardは、ドイツ語のArtに対応し、あり方とか、本質、天性という意味である。「面白さ」とは本質的なものだということである。つまり、面白さとは、それ以上根源的な観念に還元させせることができないものであるということの、いわば証明になっているのが、この言葉なのだ。

＊『ホモ・ルーデンス』ホイジンガ／高橋英夫訳　中公文庫より

さて、困りました。いきなりのっけから、「面白さ」はそれ以上根源的な観念に還元させることができない本質的なものである、ということがわかってしまいました。たしかに、その通りなのかもしれません。

そこで、本書では「面白さ」というものを、極めて本質的なものであるとした上で、その本質的なことを自分の中でどう体系化して、どのように実生活に応用すればいいのか、ということに主軸を置いて話を展開したいと考えています。

ところで「自分のことを面白い人間だと思いますか？」と言われて、自信を持って「はい」と答えられる人は、おそらく多くないでしょう。そんなことを言おうものなら「じゃあ何か面白いこと言ってみてよ」と、すぐさま意地悪な要求をされてしまうかもしれません。

自分が面白い人間かどうかということに関しては、私もまったく自信はありません。笑いを仕事とする芸人のようなプロでなければ、たいていの人は、この「面白いことに対して自信がない状態」すなわち「面白いことコンプレックス」を抱えているのではないでしょうか。

例えば、仕事で上司から「何か面白い企画を考えて」と言われたとします。しかし、頑張って考えたものの、あまり面白がられず、そうした失敗がキッカケとなって「自分は面白いことは得意ではない」と感じてしまうようなことは、よくあるのではないでしょうか。

私もかつてそうでした。大学のデザイン学科を卒業して、アートディレクターとして広告代理店に就職したのですが、キレイなものやカッコいいものを作ることがデザインであり、人とは違う尖ったものこそが面白いのだ、と考えていました。しかし、いざ会社に入って仕事として課題に取り組んでみると、まずみんなに受け入れられるような「面白いアイデア」「面白い企画」「面白いデザイン」というものが何なのか、そもそもよくわかりませんでした。

当時の自分は「なぜこれが面白くないのだろう？」「面白いことを考えるのが実は苦手

なのかも……」と思っていました。完全に「面白いことコンプレックス」に悩まされていたのです。いまにして思えば、極端に視野が狭かったのだと思います。

「面白さ」というものは、非常に抽象的で主観的な概念なので、なかなか自分の思うように相手に面白がってもらえないものです。特に広告というものは、多くの人から「面白そう！」と興味を持ってもらえるものでないと、チラッと見てもらうことすらできません。なぜなら、人はそもそも広告に興味を持っているわけではないからです。

また、「面白い」の中には様々な面白さがあるのだということも、当時の私はわかっていませんでした。「面白い」ということはつまり「笑える」ということであって、デザインという感性の世界とは縁遠いものなのではないか、と思っていたのです。しかし実際には、「面白い」＝「笑える」でもなければ、「デザイン」＝「感性の世界」でもなかったのです。

「どういう表現が人に『面白い』と思ってもらえるのか」を知るためには、とにかくたくさんの経験を積むことが一番です。身もふたもないように聞こえるかもしれませんが……。仕事だけでなく、SNSなどのコミュニケーションでも、同じようなことが言えます。どういうものが「いいね！」と言われやすいのか、シェアされやすいのか、ということを知るためには、たくさん投稿して、できるだけ多くの経験をすることが一番の近道です。
あまり他人の評価に振り回されるのもよくありませんが、そこには必ず何らかの理由があるはずです。それを冷静にコツコツと分析して、経験値を蓄積していくことが大切なのです。そして、一度失敗したことを二度と失敗しないようにしていけば、自ずと成長できるはずです。これはとても時間のかかることのように思えますが、「面白いことコンプレックス」に打ち勝つためには、最短にして必要不可欠なステップなのです。

そして、誰かに何かを伝えるための表現というものは、自分本位ではなく、見る人の気持ちをとことん考えることが大切です。そんな基本的なことが、昔の私には全くと言っていいほどわかっていませんでした。表現というものは、基本的には見る人がいて初めて成立するものなのです。

つまるところ、表現の基本は「コミュニケーション」です。表現する側の意思が伝わらなければ、意味がないのです。とはいえ、必ずしも不特定多数の人に届けなければいけないというものばかりでもありませんし、わかる人にだけわかればいいという一人よがりな自己表現も、もちろんあります。しかし、わかる人が一人もいないのでは、あまりにも虚しいものになってしまいます。

面白さとコミュニケーション

広告表現においては特に、「コミュニケーション」が重要なカギになります。ここでいうコミュニケーションとは、いわゆる人と人との間で行われるコミュニケーション（＝意思の疎通）と、基本的には一緒です。

企業が何か、例えば「新商品が出ました！」というような情報を伝えたいと考えたときに、理想的にはターゲットである生活者の一人一人に直接説明することが最善策です。しかし、そんなことは当然不可能です。だからこそ、広告というメディアを媒介とする必要があるのです。

広告というものは、ポスターであれテレビCMであれWebであれ、企業や制作者の手を離れても、それ自体が生活者に直接「メッセージ」を伝える役割を持っていなければならないのです。そして、その「メッセージ」が消費者にとって興味を持ってもらえるものでない限り、「コミュニケーション」は成立しません。

何よりもまず、見る人に興味を持ってもらうことが、とにかく重要なのです。そして、そこに必要なものこそが「面白さ」なのではないかと、私は考えているのです。

私の場合、たまたま色々な仕事に恵まれて、広告に限らず様々なものを作る機会があったことが、いい経験になりました。

ロゴマーク、ペットボトルやお菓子などのパッケージ、ＣＤジャケット、書籍の装丁、ＰＣゲーム、カレンダー、Ｔシャツ、ハンガー、クレジットカード、日本酒、アプリ、ボードゲーム、ＶＲ／ＡＲ／ＭＲのコンテンツ、ラジオ、ＩｏＴデバイス、新しいスポーツ、家具、文房具、３ＤＣＧ、漫画などなど……。

一見バラバラなように思えますが、実は基本的な考え方は一緒です。どんなモノであっても、そのモノとユーザーとの関係性をどう築くか、ということが肝心なのです。それは広告と同様で、モノとユーザーとの間に「コミュニケーション」の力が求められる、ということです。

ユーザーとそのモノが出会ったときに、どういう印象を与えたいか。ユーザーにそのモノを購入したいと思ってもらうにはどう訴えかければよいか。ユーザーがそのモノを所有しているとき・使用するときに満足感を感じられるものにするには、どういう佇まいにすればよいか。

「人とモノの間にある関係性をデザインする」というと、ちょっと大げさかもしれませんが、それこそがデザインの真髄であると、私は考えています。そしてさらに、そのデザインに「面白さ」が加わることで、よりよい関係性が築けるようになるのです。

「デザインとは何か」ということに対しては様々な解釈がありますが、よく言われるのは、「課題解決」です。いくらキレイな見た目でも、課題を解決していないものはデザインとは言えない、ということです。デザインは、決して表面上の装飾のようなものではないのです。

直訳では「デザイン＝設計」という意味になりますが、その「設計」の指すところは「表面的なスタイリング」だけではなく、もっと広い範囲のことを指しています。デザインがユーザーに与える「印象」や「メッセージ」「心地よさ」「愛着」「使い勝手」といった、「そのモノの周りにある空気のようなもの」も含めた設計が成されるべきなのです。

そのためには、美しいアウトプットももちろん必要ですが、何よりもまず、しっかりとした「コンセプト」が必要になります。それによって、依頼された課題や世の中の課題を、解決に導くのです。ちょっと抽象的でわかりにくいかもしれませんが、これからデザイナーを目指すような人でなければ、そこはあまり深く考えなくても大丈夫です。

ただ、この「モノの周りにある空気のようなものをデザインする」という考え方は、身のまわりの表現にも応用することができます。私が考えるには、それはつまり「表現するモノにどんな魅力を付加することができるか」ということです。この「魅力」という部分が、まさに「面白さ」に直結する部分なのですが、それはこのあと、少しずつ解明していきます。

そもそも「面白い」とはどういうことか

改めて、「面白い」とは本来どういう意味なのか、まずはその言葉の意味から調べてみましょう。「面白い」を辞書で引いてみると、そこには多くの意味が列挙されています。

［面白い］

〔「面（おも）白し」で、目の前がぱっと明るくなる感じを表すのが原義といわれる〕

（1）楽しい。愉快だ。
（2）興味をそそる。興味深い。
（3）こっけいだ。おかしい。
（4）（多く、打ち消しの語を伴う）心にかなう。好ましい。望ましい。
（5）景色などが明るく広々とした感じで、気分がはればれとするようだ。明るく目が覚めるようだ。
（6）心をひかれる。趣が深い。風流だ。
〔類義の語に「おかしい」があるが、「おかしい」は格好・表情・しぐさ・話し方などが普通と違っていて、笑いたくなる意を表す。それに対して「おもしろい」は対象が普通の基準から見ると新鮮・奇抜で変化に富んでいて、興味をそそる意を表す〕

＊『大辞林 第三版』三省堂より

まず冒頭の〔「面白し」で、目の前がぱっと明るくなる感じを表すのが原義といわれる〕という部分が、そもそも面白い表現です。たしかに「目の前がぱっと明るくなる感じ」というのは、何となくわかるような気がします。「あ、面白い！」と思う感じは、基本的には頭で考えて理解するものではなく、やはり直感的な閃きのようなものなのでしょう。

また、本来の意味を改めて調べてみると「面白い」にはいろんな意味があることがわかります。以前、私が考えていたように「面白い＝笑える」という風に端的に捉えられがちですが、「笑える」というのは、この中のごく一部でしかないのです。（1）「楽しい。愉快だ。」や（3）「こっけいだ。おかしい。」が意味としては近いものの、それ以外のものは、あまり「笑える」感じはしません。（1）や（3）は、英語で言うところの「funny」に近い面白さで、（2）の「興味深い」や（6）の「趣が深い」などは「interesting」に近い面白さであると言えます。

このように、「面白い」という言葉自体にいろんな意味が含まれているということが、奥ゆかしい日本語の良いところでもあります。しかし、逆に言葉としての誤解を招きやすいことが、「面白いことコンプレックス」の原因のひとつになってしまっているとも考えられるのです。

誰もが普段から、いろんなものに対して「面白い」という言葉をよく使っていると思いますが、お笑い番組を見たときに言う「面白い」と、美術館で芸術作品を見たときに言う「面白い」は、まったく違う意味なのです。それが英語では「funny」と「interesting」と明らかに別の単語で表現されているのに、日本語では同じひとつの単語でしか表現されていないのです。

こういったことは他の単語でもよくあります。例えば「おいしい」という単語も、「tasty」と「delicious」では、そのおいしさの度合いや感じ方のニュアンスが異なります。日本語の場合、「面白い」も「おいしい」も、実に表現の幅が広い言葉ですが、それが「どう面白いのか」「どうおいしいのか」までは、一つの単語では表現されていないのです。

また、先ほどの辞書からの引用の最後の部分では、「おかしい」という言葉と対比して「おかしい」は格好・表情・しぐさ・話し方などが普通と違っていて、笑いたくなる意を表す。それに対して「おもしろい」は対象が普通の基準から見ると新鮮・奇抜で変化に富んでいて、興味をそそる意を表す」とありました。

「面白いとは何か」の答えは、実はこの文章の中に書いてあります。つまり「面白い」の源泉には「興味をそそる」ことが必要である、ということです。また、ここでいう「興味をそそる」状態というのは、見方を変えると「人を惹きつける魅力がある」状態であるとも言えます。やや強引ですが、先ほどの（1）〜（6）の意味を一つにまとめてみましょう。

「面白い」とは「楽しさ」や「興味」「こっけいさ」「趣」などの何らかの「魅力」が感じられる様である

ということができると思います。そして、これをさらに噛み砕くと、

「面白い」＝「人を惹きつける何らかの魅力がある状態」

ということになります。

ちなみに、その逆は「何も魅力がない様子」となり、「面白い」の反対の「つまらない」「平凡である」と同義になることがわかります。例えば、何か自分の作ったものや表現したものが人にあまり興味を持ってもらえなかった場合、それは相手にとって「何も魅力が感じられなかった」ということなのです。

また、これを少し発展させると、

面白い表現をする
＝人を惹きつける何らかの魅力を表現に付加する

ということが言えます。さらに言うなら、

面白い表現をするにはどうすればよいか
＝人を惹きつけるためには、どんな魅力を付加すればよいか

ということになります。

言葉としての「面白い」の意味は、これでなんとなく整理できたような気がします。しかし、実際に自分で面白いことを考え出すためには「人を惹きつける何らかの魅力がある」の「何らかの」の部分をどう表現するか、が重要になります。ここが人によってそれぞれ感じ方が異なるところであり、世の中に無限に存在しているものなのです。

また、人によって感じ方が異なるということは、どんなものであっても、見る人によって「面白い」と感じる人と「つまらない」と感じる人が必ずいるということです。つまり、すべての人に「面白い」と思われるものなど、この世の中にほぼ存在しないと考えていいでしょう。

しかし、表現をする上では、少なくとも自分が本当に魅力を感じるものを信じる以外に方法はありません。まずは自分が魅力的に感じるものを客観的に理解して、それを表現にうまく乗せることが第一歩なのです。

面白さのツボ

よく使われる言葉に「笑いのツボ」というものがあります。同様に「泣けるツボ」や「怒りのツボ」みたいなこともよく言われます。これらは、人それぞれで異なる「喜怒哀楽のトリガーとなるポイント」のことです。なぜだかわからないけど笑ってしまったり、イラッとしたりするような、人それぞれが持っているポイントです。

これと同じように「面白さ」にも「面白さのツボ」というものがあるのではないかと、私は考えています。しかし「喜怒哀楽」は「感情」の基本的な四要素ですが、「面白い」は、それらとはちょっと違うような気がします。

そもそも「面白い」と感じるのは、「感情」によるものなのでしょうか。「感覚」によるものなのでしょうか。これらは、ふだん何気なく使っている言葉ですが、改めて考えてみると、どちらによるものなのか、意外とわからないものです。これら二つの言葉について、また辞書からその意味を引用してみましょう。

［感情］

（1）喜んだり悲しんだりする、心の動き。気持ち。気分。「―に訴える」「―を顔に出す」「―を害する」「―に走る」「―を込めて歌う」

（2）《心》ある状態や対象に対する主観的な価値づけ。「美しい」「感じが悪い」など対象に関するものと、「快い」「不満だ」など主体自身に関するものがある。また、一時的なものを情動、持続的なものを気分と呼び分ける場合もある。

［感覚］

（1）目・耳・鼻・皮膚・舌などが身体の内外から受けた刺激を感じ取る働き。また、感じ取った色・音・におい・温度など。哲学的には、感覚は知覚の構成分であり、まだ意味づけられていないものとして知覚とは区別される。「寒さで－がなくなる」→五感

（2）〔美醜・善悪など物事について〕感じとること。また、感じとる心の働き。感受性。感じ方。「色彩－」「－が古い」「新しい－の服」「金銭に対する－が麻痺（まひ）している」「悲哀を－する心も／小説神髄 逍遥」〔幕末から明治初期にかけての、sensation などの訳語〕

＊いずれも『大辞林 第三版』より

こうして見てみると「面白い」というのは「心が動かされる感じ」はあるものの、何となく「感情」によるものではなさそうです。「あぁ、面白いなぁ」というと「気持ち」の

ようにも思えますが、喜怒哀楽のような反射的な「感情」に比べると、もっと冷静に感じ取っているもののような気がします。

となると、やはり「感覚」の方が意味としては近そうです。たしかに、何かに対して「あ、面白い！」と感じる瞬間というのは、内的な要因もしくは外的な要因に対して、何らかの刺激を受けたような感じがします。しかし、例えばそれは氷を触ったときに「冷たい！」と感じるような「感覚」とは異なり、身体的な刺激ではありません。

（2）の意味は「面白さ」にも当てはまりそうですが、「心」だけで感じ取っているわけではなく、「脳」を通しているようにも感じられます。また、よく見てみると、（1）の中に「哲学的には、感覚は知覚の構成分であり、まだ意味づけられていないものとして知覚とは区別される。」とあります。今度は「知覚」という言葉が出てきました。この「知覚」とは何なのでしょうか。

［知覚］

（1）知性によって知り悟ること。

（2）《心・哲》感覚器官に与えられた刺激作用を通して、外界の事物・事象を、ひとまとまりの有意味な対象としてつかむはたらき。知覚を構成する基本的要素が感覚で、こちらは物理的属性との関係で部分的なものとして捉えられることが多い。

＊『大辞林 第三版』より

こうして見ると、「面白い」は感情でも感覚でもなく、実は「知覚」によるものなのではないかと考えられます。特に（2）の「感覚器官に与えられた刺激作用を通して、外界の事物・事象を、ひとまとまりの有意味な対象としてつかむはたらき。」というのは、まさに「面白い」と感じるときのプロセスとほぼ同じであると言ってもよいでしょう。

知覚するのはどこかというと、他でもない「脳」です。そして、ここで言う「感覚器官に与えられた刺激作用」というものが、「面白さのツボ」に直接作用するのではないかと、私は考えています。

「面白い」と感じるメカニズムを改めて整理すると、

ある対象が五感を通じて「惹きつけられるような何らかの魅力がある」と脳が「知覚」できたときに、人は「面白い」と感じる

ということだと考えられます。そして、この「知覚」の原因となるポイントが無数にあり、それこそが「面白さのツボ」なのではないかと思うのです。逆に、ある対象に対して何も魅力が感じられない場合は、「面白さのツボ」が刺激されないので「面白い」と感じられない、すなわち「つまらない」と感じる状態です。あくまでも私のイメージですが、次の図のような構造なのではないかと考えています。

もちろん「面白さのツボ」というのは、実際に脳の中に存在するものではありません。もしかすると、それは「好み」と呼ばれるものにもちょっと似ているのかもしれません。例えば、好きなテレビ番組だったり、音楽だったり、漫画だったり、「好み」はいろいろな所に作用しています。

テレビ番組なら、ドラマが好きな人もいれば、バラエティが好きな人も、ドキュメンタリーが好きな人もいます。音楽なら、ヒップホップが好きな人もいれば、クラシックが好きな人もいます。漫画も、格闘漫画、ギャグ漫画、少女漫画など、様々なジャンルがあります。

もちろん、誰もが好みや面白さだけを基準にものを選ぶわけではありませんが、何かを

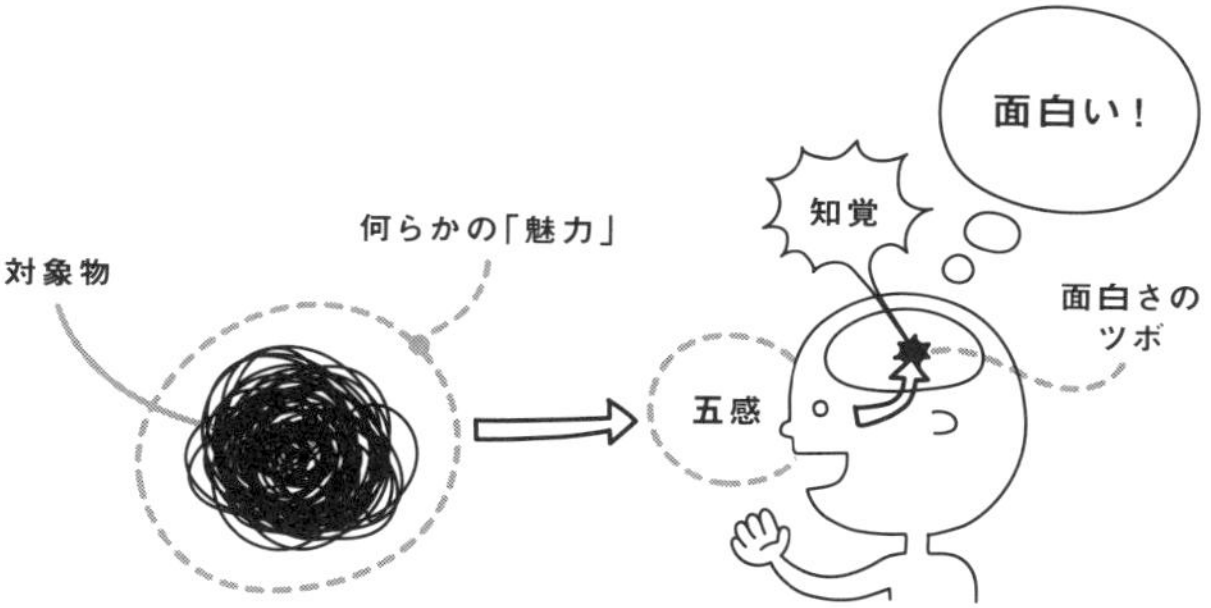
対象物
何らかの「魅力」
五感
知覚
面白い！
面白さの
ツボ

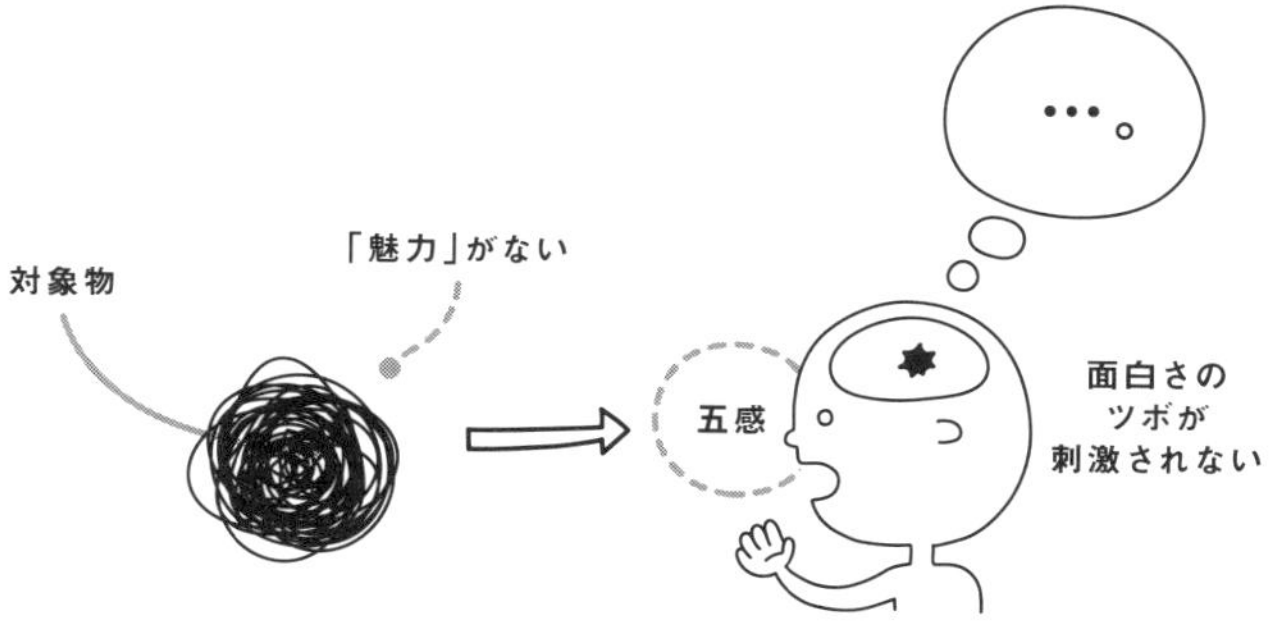
対象物
「魅力」がない
五感
…。
面白さの
ツボが
刺激されない

選ぶときには、本人も知らず知らずの間に「面白さのツボ」を押されているのかもしれません。ぜひ、あなたも改めて自分の「好み」を見つめてみてください。そこにはきっと何らかの「面白さのツボ」が反映されているはずです。

自分の「面白さのツボ」すなわち「自分がどういうものに魅力を感じるのか」ということについて、客観的に認識できていて、明確に言語化できるという人はあまり多くないでしょう。

面白い表現をするためには、まずは自分が「面白い！」と感じる表現、つまり自分の「面白さのツボ」が押される表現について、知る必要があります。なぜなら、自分の「面白さのツボ」を明確にわかっていれば、自分の得意とする「面白い表現」にそれを活用することができるからです。さらに、それを少しズラしてみたり許容範囲を広げてみたりすることで、表現の幅を広げることも、できるようになるかもしれません。

また、「笑いのツボ」と同じように、夫婦関係でも友人関係でも「面白さのツボ」が合う人同士の方が、相性がいいのではないかと考えられます。それは、先ほど言及した「好み」のように、好きな番組や音楽、漫画など、趣味嗜好に関わる部分でもあるからです。

この「面白さのツボ」が合わないとイマイチ話が合わず、お互い気まずい思いをしたり、ことによってはストレスに感じてしまうようなこともあるかもしれません。

これは当然、自分と上司だったり、自分とクライアントという関係だったりしても、同様です。仕事上の話でツボが合わない、相手のツボがよくわからないという状態だと、往往にしてコミュニケーションがうまくいかないものです。

表現に関していうならば、自分が面白いと思っている表現が相手にとっては面白くないと言われてしまうような状況です。そのような状況というのは、自分が好きな「面白さのツボ」と相手の好きな「面白さのツボ」の間に、おそらくズレがあるのです。

このズレを解消することは簡単ではありませんが、場合によっては「相手のツボを許容する」ということも大事です。そもそも面白さというもの自体が、人によって感じ方が全く異なるものなのですから、うまく相手とコミュニケーションを取るためには、自分だけの好みに固執するべきではありません。相手のどこを突けばいいのかを思いやることで、よりコミュニケーションが潤滑になるはずです。

特に、広告のようにたくさんの人々に向けてコミュニケーションを取りたい場合には、できるだけ多くの人が許容できるようなツボを突いてあげる必要があります。SNSで個人的な表現を発信する際も同様です。

先ほど、面白さを知覚するプロセスを図に示しましたが、これを人対人のコミュニケーションに当てはめるなら、次の図のようになります。絵であれ言葉であれ、何か面白い表現をしようとするのであれば、それを見る人の「面白さのツボ」を刺激するような「何らかの魅力」が必要になるのです。

当たり前のことのように思われるかもしれませんが、ここで重要なのは、自分にとって「魅力」であると思っていることが、相手にとっては「魅力」に感じられない場合がある、ということです。むしろ、実際にはそういう場合の方が多いかもしれません。

自分の表現を「面白い」と感じてもらうためには、どうしたら相手にとってそれが「魅力的」に感じられるのか、どこが相手の「面白さのツボ」なのかといったことを、とことん想像することが必要なのです。

もちろん、純然たるアートのように「わかる人にだけ届けばいい」という表現も、世の中にはたくさんあります。しかしながら、「コミュニケーション」ということを目的とするならば、自分が「面白い」と思う表現を強引に押し付けているだけでは、いつまでたっても意思を伝えることはできません。

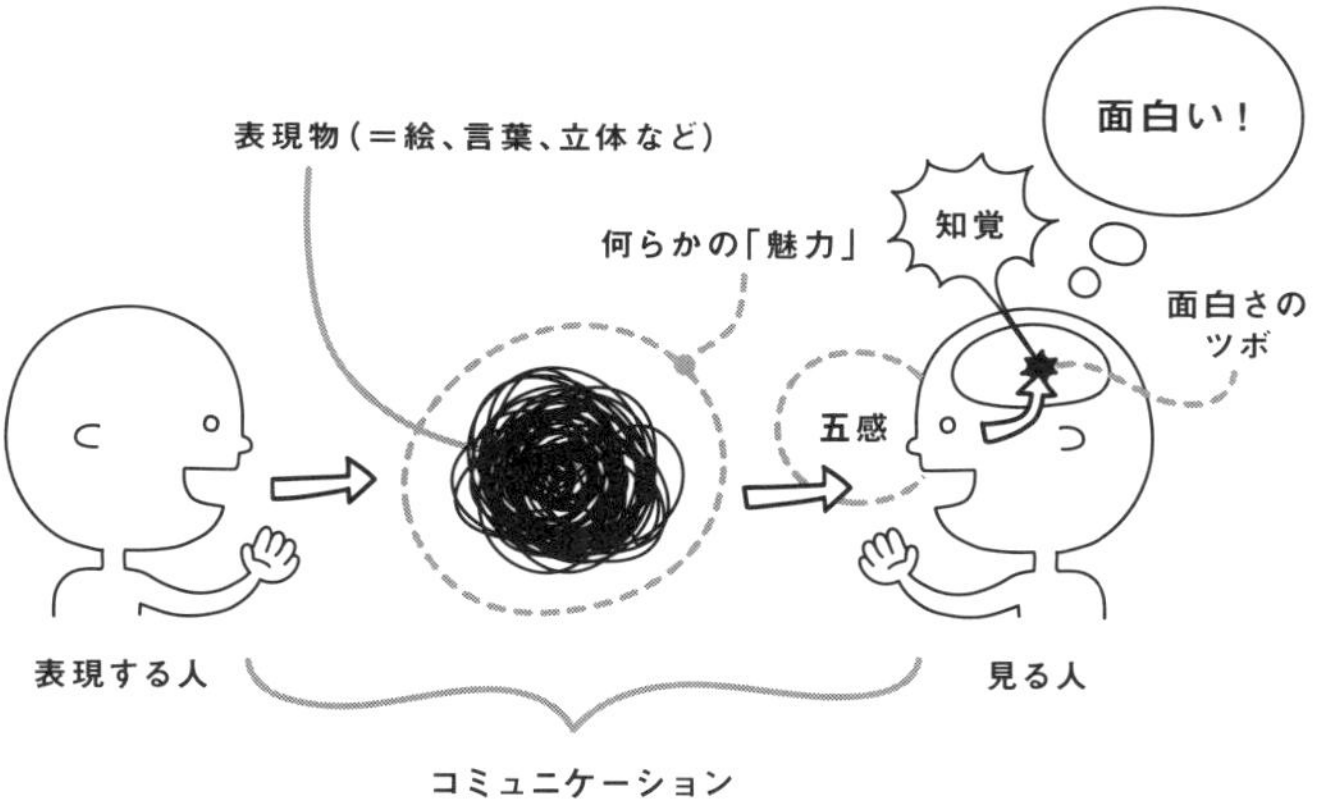
表現物（＝絵、言葉、立体など）
何らかの「魅力」
知覚
面白い！
面白さの
ツボ
五感
表現する人
見る人
コミュニケーション

自分の表現する面白さが他人に受け容れられるかどうかについては前にも書きましたが、とにかく相手の評価を冷静かつ客観的に知る必要があります。それも、できるだけたくさんの評価を聞いて、比較検証する方が効果的です。

昔だったら、そのような場数と経験が必要なものについては、とにかく時間をかけて試行錯誤するしかありませんでした。しかし現代であれば、もっと簡単な方法が目の前にあります。そう、Ｗｅｂを活用するという方法です。

今では、仕事で作ったものでも個人的な制作物でも、Ｗｅｂ上で発信することで、瞬時に多くの人に見てもらうことができます。と同時に、当然それに対する世の中の評価も簡単に得ることができます。これは、ちょっと前までは考えられないことでした。

例えば私は、新しい制作物などをローンチしたときには、だいたいTwitterで検索をして評判を確認したりします。いわゆるエゴサーチです。いい意見も悪い意見も大変参考になりますし、そもそも評判になっているかどうかという指標として、ＳＮＳはとても役に立ちます。もちろん、そこに見えているものが世の中のすべてではないのですが。

個人的なSNSでの投稿も同様です。「いいね」の数やコメントなどによって評判が「可視化」されることで、どういったものが「面白い」と受け取ってもらえたのか、誰にでも簡単に把握できる時代です。そういったものには振り回されないようにしていても、他人の評価というものは、誰でもつい気になってしまうものです。

「あぁ、こういう写真はやっぱり『いいね』がつきやすいな」とか「これが全然コメントが伸びないのはなんでなんだろう」などと、そこから得た評価を次に活かそうとすることは、決して悪いことではありません。表現に対して評価というものはつきものですし、より良い表現を目指すのであれば、間違いなく避けては通れない道です。

自分の投稿やシェアに対して「いいね」が多くついた場合は、見る人の「面白さのツボ」を突けたということです。その成功体験を次に活かさない手はありません。逆にあまり評価されなかった場合は、自分が「面白い」と思ったツボが、まわりの人にとってはそれほどでもなかったということです。これも、反面教師として覚えておくといいかもしれません。

この章を通して、「面白い」とは「人を惹きつける何らかの魅力がある状態」であることがわかりました。また、自分の好きな「面白さのツボ」と、他の人が好きな「面白さのツボ」を知るのが大切だということも、わかりました。

しかし、何度も言うように「面白さ」というものはとにかく曖昧なものなので、頭の中で何となく考えているだけでは、その全体像をうまく把握することはできません。

そこで、次の章では「面白さ」というものを俯瞰して見るために、様々な面白さを一枚に「マッピング」していきたいと思います。

第2章

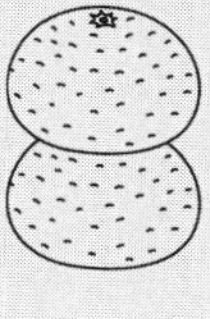

「面白さの地図」をつくろう

「面白さ」を分類してみる

人に場所を教えるときは、言葉だけではなく「地図」を書いた方が伝わりやすいものです。

「この先を右に曲がって、コンビニの看板が見えたら左に曲がって、道なりに行った先に見える赤い屋根の家が、目的地です」と言葉で教えられても、解釈の仕方によっては、途中で道を間違えてしまう可能性があります。しかし地図さえあれば、「自分が今どこにいるか」という空間的な位置を把握しやすくなります。周囲のものとの相対的な位置関係も、認識しやすいはずです。

それと同じように、「面白さ」という抽象的な概念を体系的に捉えるには、「地図」を作るとイメージがしやすくなります。「面白さ」にはどんな種類のものがあるのか、自分が「面白い」と思うものはどういう分類に属するものなのか、ということを直感的に把握することができるためです。

しかし、前述の通り「面白さ」は無限にあるので、全てを網羅的に列挙することは、おそらく不可能です。ここでは、私の考える「面白さ」について例を挙げて分類し、ザックリとマッピングしていきたいと思います。できればこれを参考に、自分なりの「面白さの地図」を作ってみてもらえると、より自分の「面白さのツボ」に合った指標を作ることができるはずです。

では、まず紙に丸を描いて、その内側を「面白い」としてみましょう。そうすると、その丸以外のスペースは「面白い」の反対の「つまらない」ということになります。こうしてみると、平凡でつまらないものが世の中の大半を占めていて、人々の興味をそそるような面白いものは、そもそも全体の中のごく一部であるような気がしてきます。ちょっと大げさかもしれませんが、そのくらいの気持ちの方が、面白いことも考えがいがあるというものです。ここにまず、「面白い」を構成する大きな要素を配置していきましょう。

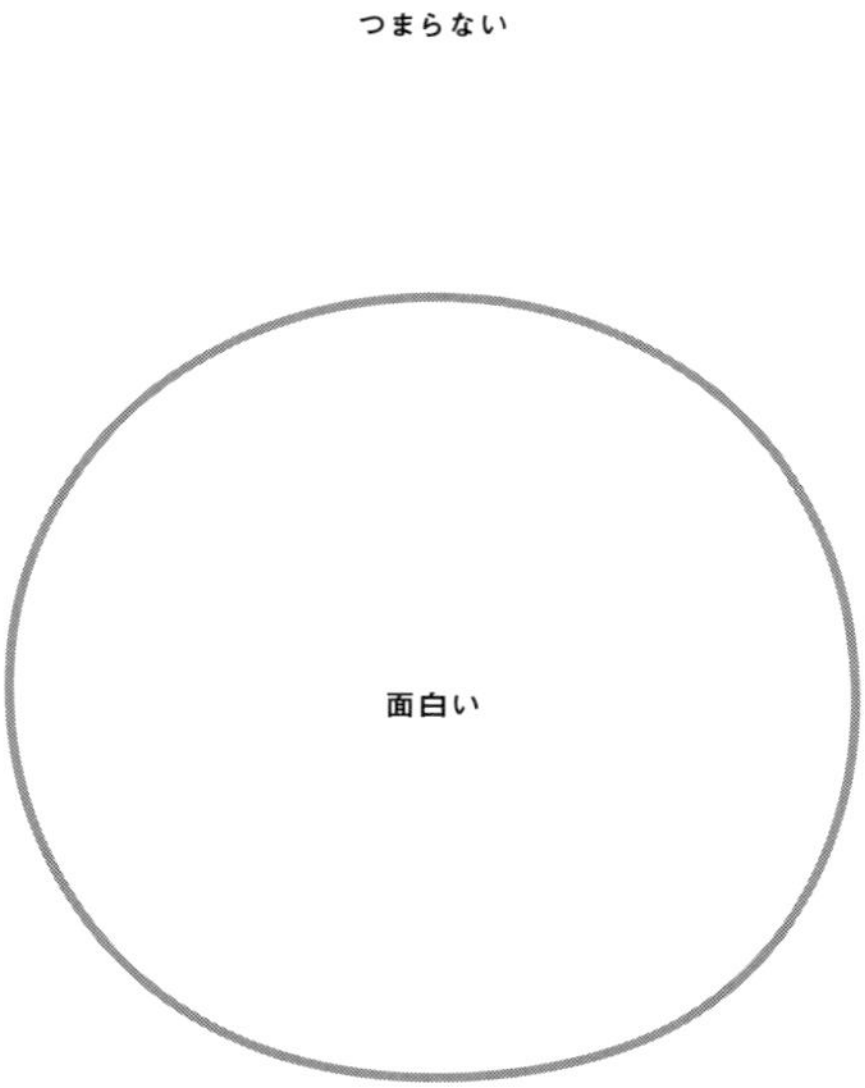
つまらない
面白い

面白さの基本「共感」

まず、面白さの「感じ方」で大きく方向性を分けてみましょう。面白さの感じ方として最も大きな部分を占めるのは、おそらく「共感」です。何か対象に対して、自分が共感できるポイントがあるときに、人は「面白い」と感じるものなのです。その面白さを直感的に理解することができたときの「うれしさ」や「喜び」、「納得感」というものが根源にあるのでしょう。

わかりやすい例に、いわゆる「あるある」というものがあります。「誰もが過去に経験したこと」や「共通認識としてみんなが知っていること」などから発想して、「こういうことってあるよね」と言われたときに「あー。わかるわかる」と感じる面白さです。

例えばそれは「子どもの頃、よく横断歩道の白い所だけ歩いたりしたよね」とか「ヨーグルトのフタの裏をペロッと舐めようと思って開けてみたら何も付いてなかったときの残念さったらないよね」といったような、誰もが身近に体験したことのある、日常の気づきがベースになっています。

これは、前に辞書で調べた「面白い」の意味でいうところの（4）「心にかなう」という状態です。「自分の思っていることを、相手もわかってくれている感覚が気持ちいい状態」なのではないかと考えられます。

以前、千葉のラジオ局「bayfm」の「SAZAE RADIO」という、新しいラジオのアイデアを考案したことがありました。これは、本物のサザエの貝殻を使った、耳に当てて聞くことができるラジオです。まさに、「貝殻を耳に当てると、海の音が聞こえるよね」という「あるある」の面白さを体現したようなプロダクトなのです。誰もが持っている「共感」をくすぐることで、思わず耳に当てて聞いてみたくなる気持ち（＝興味）を引き出すことを、ねらったものでした。

では、人々の「共感」を得るためには、どうしたらよいのでしょうか。それは、相手にとって「『あー、わかるわかる』と感じる気持ち」を作り出すということですから、単純に考えれば、相手の心にかなうことを深く想像して、理解すればいいのです。それはつまり、もっと平易な言葉で言うと「相手の気持ちになって考える」ということです。

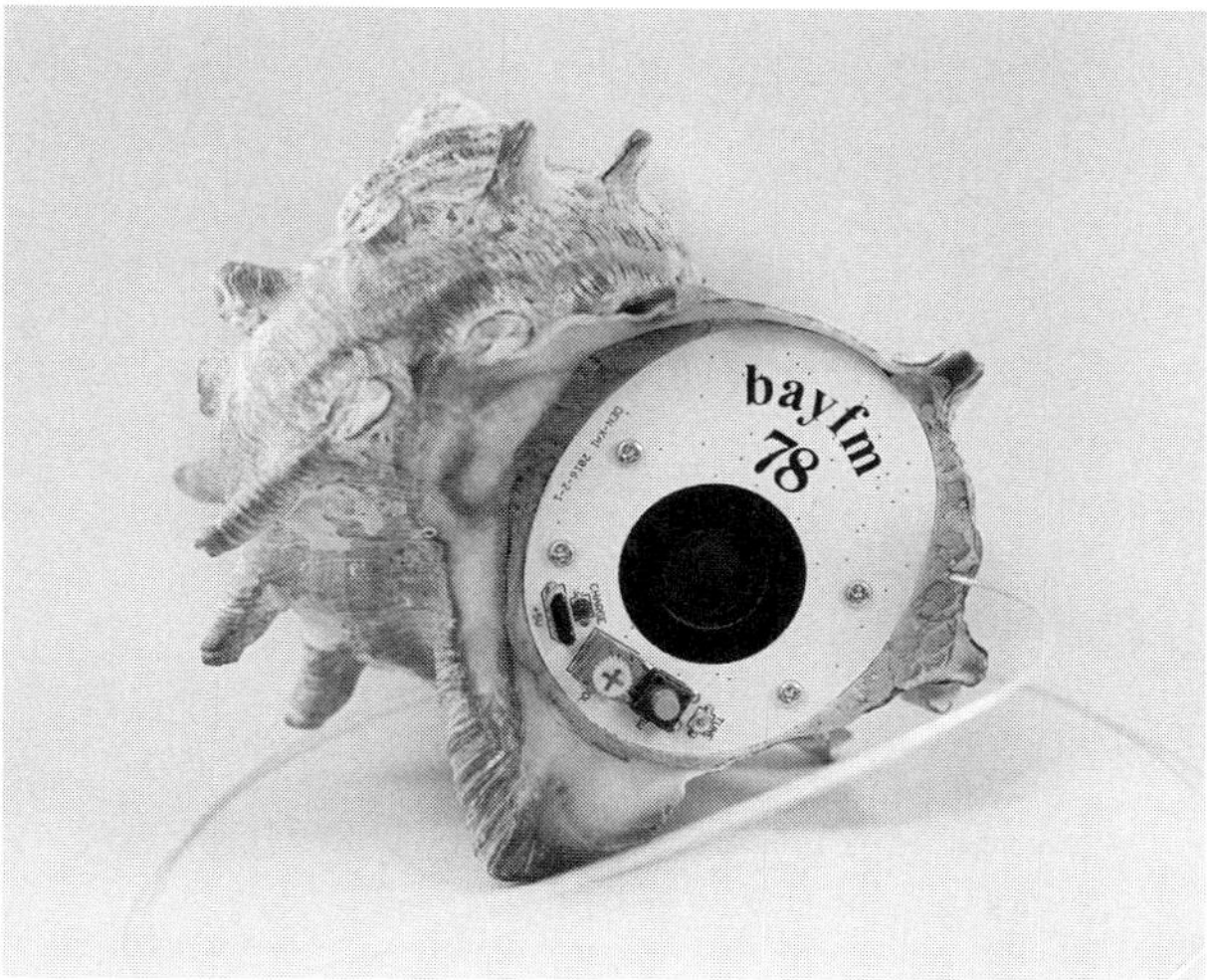

SAZAE RADIO

一見簡単そうにみえますが、何かを表現するためには、これは非常に大切なことなのです。前述の通り、表現にはコミュニケーションの力が必要になります。必ずそれを見る対象者がいるわけですから、その人が見たときにどう感じるか、ということを考えないことには、「面白い」なんて思ってもらえるはずがありません。

特に、広告のようにたくさんの人に伝えなければならないコミュニケーションにおいては、ターゲットの「共感」を得るということが非常に有効な手段になります。

前にも書きましたが、テレビやＷｅｂ、雑誌などを見ている人たちは、その番組やサイト、記事そのものに興味があるのであって、そもそも広告自体には興味がないのです。むしろ、邪魔者のように感じていることもあるくらいです。そんな人に少しでも振り向いてもらうためには、まず「自分に関係のある情報であること」に気づいてもらう必要があります。

そのための手段としてキャッチコピーやビジュアルなどがあるわけですが、そこで発信されている情報が自分と全く関係がないと分かれば、人は瞬時にプイッと目を背けてしまいます。だからこそ、見る人にとって「共感」できるような点をうまく利用して興味を惹くこと、まさに「共感できる面白さ」が必要になるわけです。

ターゲットとなる人の「共感」をうまく刺激して「面白い！」と思わせることができると、その人はそれを別の人に伝えたくなります。自分と興味や趣味が近く「共感」できる友人・知人に「あれ面白いよ」と教えたくなるのが、人間というものです。特に、SNSが盛んに使われるようになった現代においては、「共感性の高い情報」はシェアされやすい傾向にあります。「共感」は、連鎖するのです。

このように、「共感」というものは非常に汎用性が高く、面白さの中でも大きな部分を占めるものだと考えられます。そして当然ですが、世の中に存在するものは「共感できるもの」と「共感できないもの」に大きく二分できます。では、「共感できないもの」というのは何でしょうか。また、そこに面白さはあるのでしょうか。

共感の反対「差別」

「共感」と対極を成すものは何かと考えたときに、単純に反対語でいうと「反感」ということになります。しかし、反感という言葉から連想される印象に、面白さがあるようには思えません。

そこで、「共感による面白さ」を「自分と『同質』であることに感じる面白さ」と考えてみると、その反対は「自分と『異質』であることに感じる面白さ」ということになります。これを言葉で表すとすると、それは実は「差別」という言葉で表現できるのではないかと、私は考えています。

ここでいう「差別」とは、ある対象に対して「(自分とは違って)様子がおかしい」とか「(自分とは違って)滑稽である」とか「(自分とは違って)ヘンテコである」というように感じるものを指します。前述の辞書からの引用によれば、(3)の「こっけいだ。おかしい。」という意味が、これに当てはまります。ここで、「差別」という言葉の意味についても調べてみましょう。

［差別］

（1）ある基準に基づいて、差をつけて区別すること。扱いに違いをつけること。また、その違い。「いづれを択ぶとも、さしたる―なし／十和田湖 桂月」

（2）偏見や先入観などをもとに、特定の人々に対して不利益・不平等な扱いをすること。また、その扱い。「人種―」「―待遇」

＊『大辞林 第三版』より

本来の意味を見てみると、差別とは「差をつけて区別すること」とあります。これがまさに「差別」と「区別」の違いです。単純に分けるだけなら「区別」なのですが、そこに「差」をつけると「差別」になるということです。つまり、自分とは異なるものに対して、「差」を感じるから「差別」になるわけです。

とりわけ、この差を人に当てはめて「自分が上で相手が下」という風に感じてしまうと、

（2）の「人種差別」などのような、いわゆる「差別行為」につながってしまうのです。（1）のような意味においての「差別」が原義だとするならば、「差別」という言葉自体には、実はそれほど悪い意味があるわけではないことがわかります。

例えば、もぎたてのリンゴが目の前にたくさんあるとしましょう。単純にそれを仕分けするだけなら「区別」なのですが、それを一級品と二級品に分けると「差別」になる、ということです。しかし、一般的にはそれを人に当てはめたものを単純に「差別」と呼ぶことが多いので、「差別＝悪」というイメージが先行してしまっているのだと考えられます。言葉というものは、世の中で実際に使われる用途や頻度によって、バイアスがかかった状態で定着してしまうものです。ここでは「面白さ」を分類する上で、「差別」という言葉がいちばん的確な表現だと考えているので、あえて用いています。決して（2）の意味のような「差別行為」を肯定するものではありません。

また、（1）の意味からすると、通常とは逆に「自分が下、相手が上」という風に差をつけて区別することもまた「差別」である、ということになります。わかりやすい例でいうと、いわゆる「自虐」というものが、これに当たるのではないでしょうか。自分を虐げ

「区別」

＝

何かと何かの違いを認めて、

はっきりと分けること。

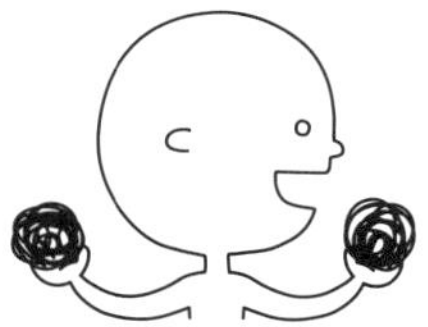

「差別」

＝

ある基準に基づいて、

差をつけて区別すること。

ることで見る人と差をつけ、それによって「差別的な面白さ」を引き出しているのです。
そう考えると、例えばSNSなどで自虐的な投稿がウケたりするのも、ここでの分類でいう「差別」的な面白さによるものなのかもしれません。自分を一段下に貶めることで「自分を差別」しているのです。

対人コミュニケーションの関係性で考えると、相手に対して「差をつけて見る」ことが「差別」であるとした場合、相手に対して自分と「同等に見る」ことが「共感」であると考えられます。「自分を下に下げる」＝「自虐」と合わせて考えてみると、次の図のような関係性が見えてきます。

ところで、「変な顔」や「変な動き」、「変な言葉」といった表現は、笑いの基本であると言われています。こうした表現も、自らすすんで演じているのであれば、それはある意味で「自虐」と言えるでしょう。そういう意味で、これらも大きくは「自分を貶めることによる『差別』的な面白さ」であると考えられます。
これは、パッと見た印象で直感的に「面白い」と感じてしまうような、少し子どもっぽい単純な面白さです。子どもにとっては、ある意味「テッパン」であると言えるでしょう。

対人コミュニケーションの関係性

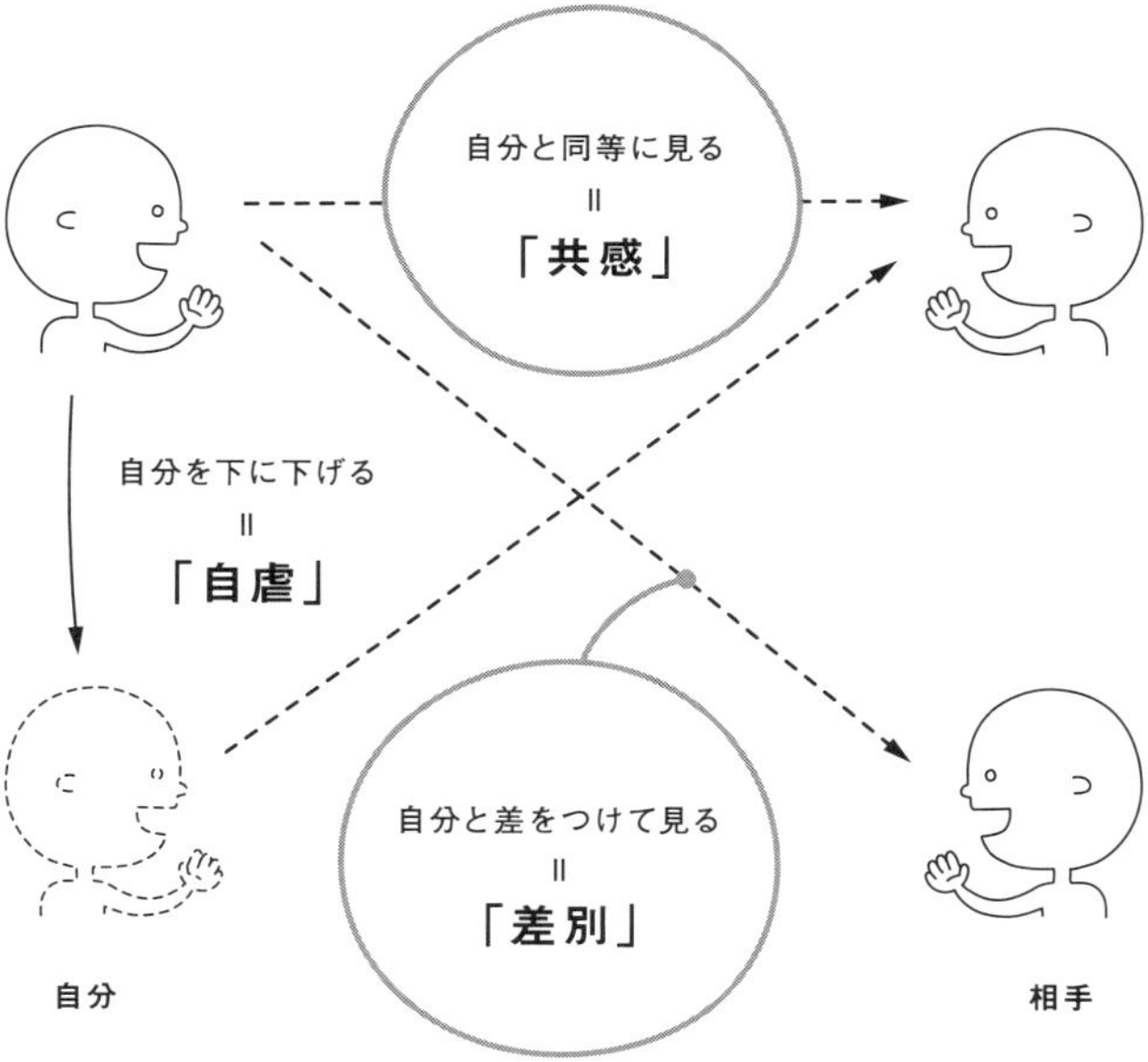

子どもは純粋であるからこそ、自分とはちょっと違う「ヘンテコ」な見た目のものに直感的に面白さを感じるのでしょう。そして、それを今度は自分でも演じてみて、それがウケたら味をしめ、何回も同じことを繰り返すのです。

「笑いとは差別である」とは、かの中島らも氏の名言だそうです。それは「自分と比べて差があるものに対して、おかしさ（＝面白さ）を感じる」ということが根本にあるのではないかと考えられます。倫理的な良し悪しはあるにせよ、こうした感覚はおそらく人間が本質的に持っているものなのでしょう。それを高度な笑いに昇華できるか、逆に「差別表現」になってしまうのかということは、紙一重なのです。

そう考えると、世の中のいわゆる「差別行為」と呼ばれるものも、「自分と比べて差があるものに対して、おかしさを感じてしまう」ということが、ひとつの原因になっているのではないかと考えられます。ことによっては、そうした意識が「いじめ」などにもつながっているのかもしれません。

単純に様子が「ヘンテコ」であることを表現の要素として用いるだけなら、さほど問題はありません。例えば、街で見つけたヘンテコな植物だとか、ヘンテコな看板、ヘンテコな雲などを、面白がって写真に撮ってSNSにアップしたところで、それを「差別だ」と言われることはほとんどないでしょう。

しかし、そうした「ヘンテコなもの」に対して「面白い」と思うことも、実は「自分の感覚と比べて何か変である」という「差別心」からくるものに違いないのです。しかし、それが誰か特定の人物やその様子を想起させる可能性があると、いわゆる「差別表現」につながってしまう恐れがあるのです。

例えば、ヘンテコな植物が誰か特定の人物に似ているとか、ヘンテコな看板に描かれているイラストが人種差別を助長するように見えるとか、そういったことです。自分に差別をする意図がなかったとしても、気をつけなければいけません。「無自覚な差別表現」が最も危険なのです。自分の表現したものが「共感」ではなく「差別」に近いものだと感じた場合は、そのポイントがどこにあるのか、冷静に分析した方がいいでしょう。

もちろん、この「差別」をうまく利用した面白い表現もたくさんあります。例えば「サーカスのピエロ」が、その典型的な例です。ピエロは古くからある表現ですが、そもそも滑稽な格好や行動で人を笑わせることを目的としたものです。まだ「差別」という考え方がそれほど問題とされなかった時代から存在していて、現代ではもはや定番となっているからこそ、成立しているのかもしれません。

ピエロという表現の優れた点は、厚い化粧をすることで「人間味」や「個性」を消し去っている所です。誰が見ても明らかに普通の人間とは異なった「道化」を演じているように見えるので、その様子を見てゲラゲラ笑っても、正直あまり罪悪感を感じません。この化粧や衣装も、演技を面白く見せるための小道具なのでしょうが、ある種「この人はいま普通の人間とは違う存在ですよ」というサインのようにも感じられます。

誤解を恐れずに言うならば、サーカスというもの自体が「差別的な面白さ」をエンターテイメントや芸術の域にまで昇華したものであるとも言えるのかもしれません。その華麗な曲芸や、人間業とは思えない離れ業は、日常生活とは明らかにかけ離れた「面白い表現」です。誰が見ても「すごい！」「面白い！」と思えるような、自分の目線よりも上に感じられる「差異」が、そこにはあります。

これは「差別」といっても、自分から見て明らかに別次元のものに感じられるような「差別」です。言葉の上では、こうした「相手を自分より上に見る差別」というものも存在するのです。これを「ポジティブな差別」と、ここでは命名したいと思います。そして、その反対は「相手を自分より下に見る差別」すなわち「ネガティブな差別」ということになります。いわゆる「差別表現」が、これに当てはまります。

自分を基準としたときに、「自分より上に差別する」場合と「自分より下に差別する」場合とでは、同じ「差別」でも意味合いが全く異なるのです。これはあくまでも個人的な見解なのですが、整理すると次頁の図のようなことなのではないかと考えています。先ほどの対人関係の場合と構造は似ていますが、ここでは相手は人間だけではなく、何らかの「表現の対象物」と考えた場合のイメージです。

「ポジティブな差別」などというややこしい言い方は、私がいまここで勝手に名付けてしまったものですが、別の言葉で言うなら、ニュアンスとしては「尊敬」や「感心」などが近いかもしれません。まさに、いわゆる「差別行為（＝ネガティブな差別）」とは真逆のものです。しかし、「差別」という言葉の持つ元々の意味が「差をつけて区別する」ということだとするならば、こうした解釈もできるはずなのです。

この節の冒頭で「自分と『同質』であることに感じる面白さ＝『共感』による面白さ」、「自分と『異質』であることに感じる面白さ＝『差別』による面白さ」という風に整理を

表現の対象物との関係性

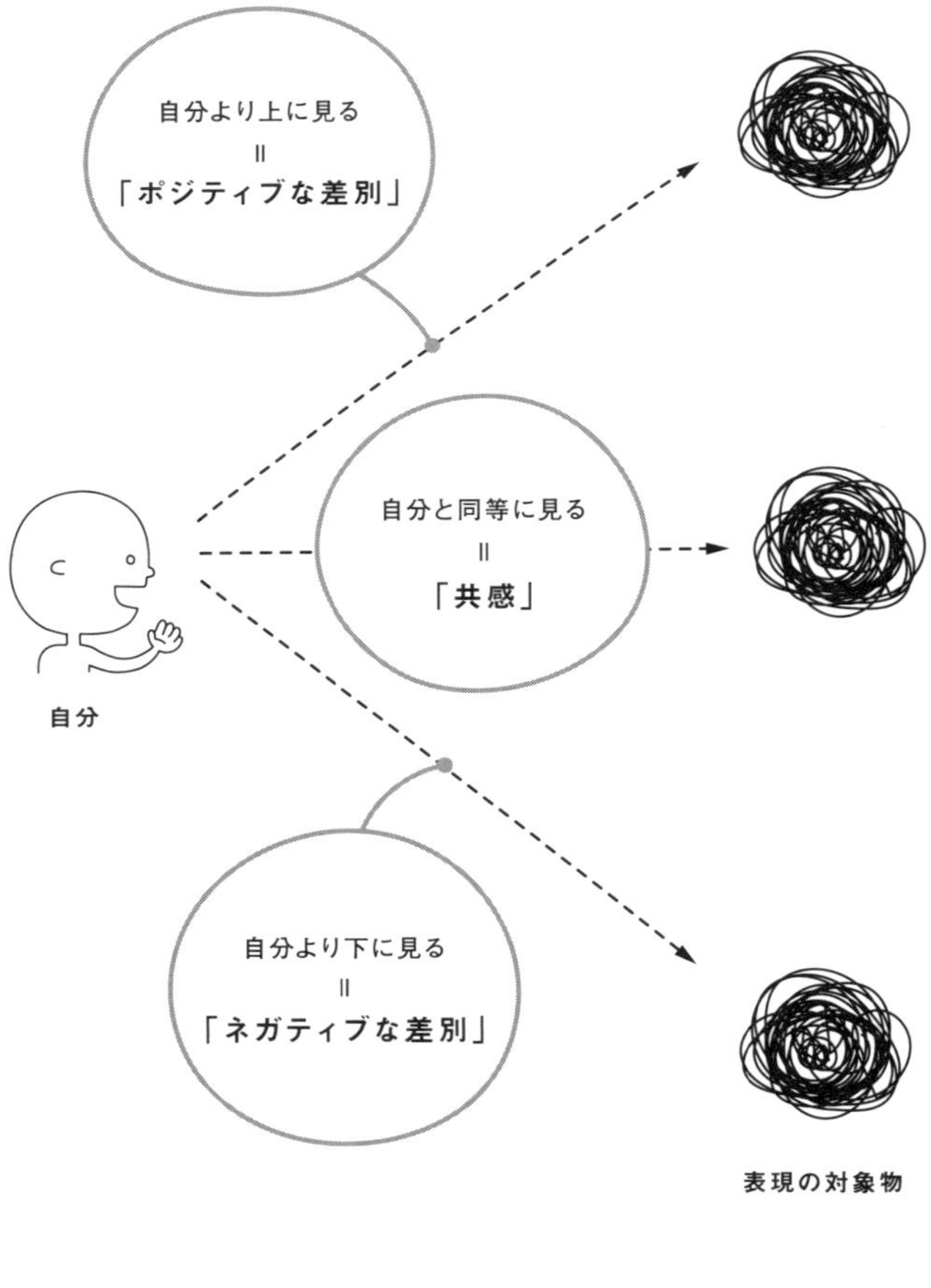

しました。こうして見てみると、「共感」と「差別」の違いというのは、自分を基準とした「目線の違い」にすぎないということがわかります。

そして、同じ対象に対してでも、人によって「目線」が異なります。だから、自分では「共感」できる表現が、相手にとっては「差別」の対象になってしまうこともあるのです。


さて、ここまで見てきた「共感」と「差別」を、面白さの「感じ方」を大別する二極として「面白さの地図」に描いてみましょう。地図といっても、ゆるいベン図のようなイメージです。先ほどのマップ上の「面白い」の丸の上の方に「共感」を、下の方に「差別」を、それぞれ丸い囲みとして描いてみます（次頁参照）。

このとき「共感」にも「差別」にも、少し「面白い」からはみ出した部分があった方がいいでしょう。これはいうまでもなく「面白くない共感」も「面白くない差別」も存在するためです。また、「共感」と「差別」が重なっている部分もあった方がいいでしょう。矛盾するようではありますが「共感できる差別的な面白さ」というものもあるからです。

それは、例えば「誰もが知っている滑稽でヘンテコなもの」などのことで、先ほどの「ピエロ」もそれにあたります。「共感」と「差別」は相反するものではありますが、表現においては、ほんの紙一重の差なのかもしれません。

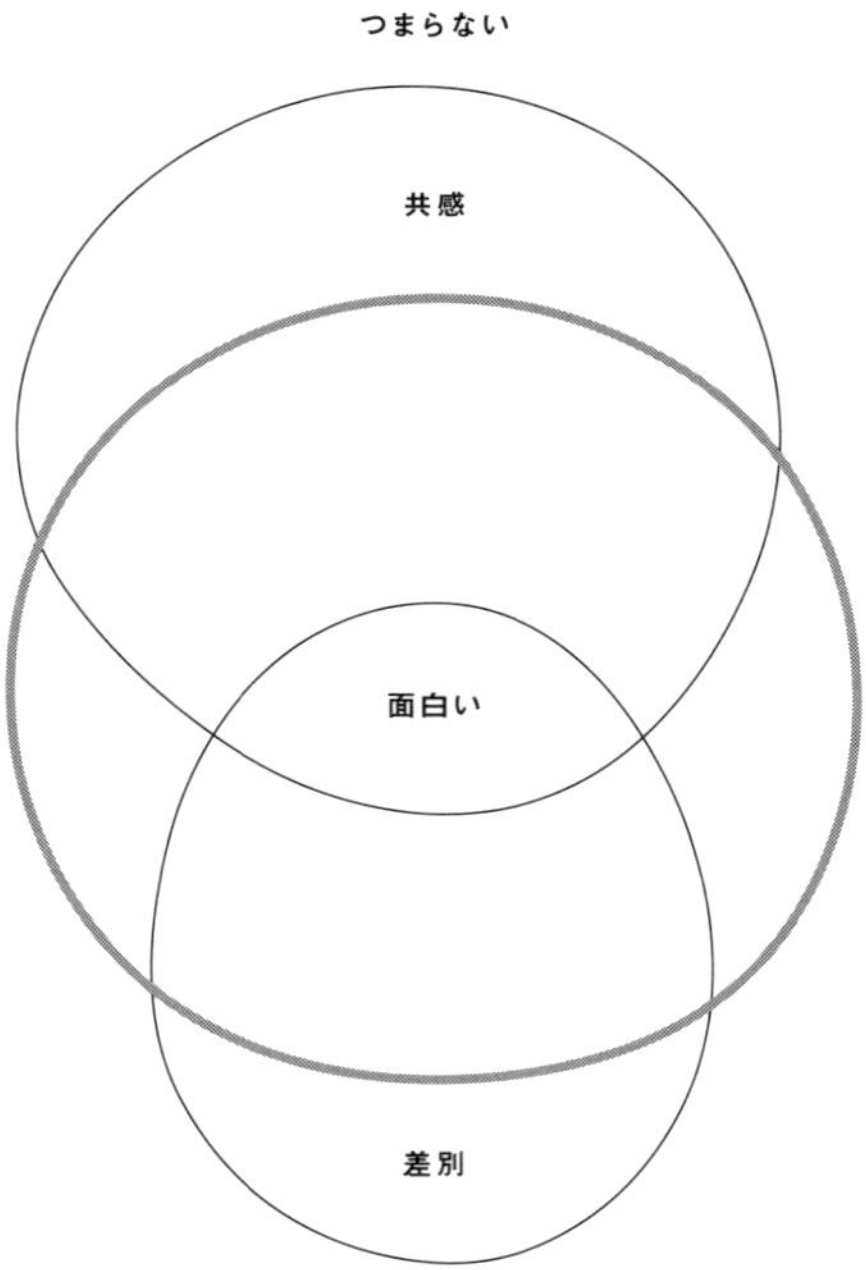
つまらない
共感
面白い
差別

「笑える」と「趣がある」

ここまでは「共感」と「差別」という面白さの「感じ方」について、述べてきました。今度は、この図の横軸となる「面白さの質」について、考えていきたいと思います。いま一度「面白い」の辞書からの引用について、やや省略した形で振り返ってみましょう。

（1）楽しい。愉快だ。
（2）興味をそそる。興味深い。
（3）こっけいだ。おかしい。
（4）心にかなう。好ましい。望ましい。
（5）景色などが明るく広々とした感じで、気分がはればれとするようだ。明るく目が覚めるようだ。
（6）心をひかれる。趣が深い。風流だ。

前述の通り（4）は「あるある」という感覚に近いものなので、「共感」に含まれる要素です。（5）は、言うなれば「気持ちいい」という感覚に近いもので、これもある種「共感」に含まれる感覚ではないかと思います。

（1）と（3）については前章でも書きましたが、大きくは「笑える」という言葉でくくることができます。楽しくて笑える、愉快で笑える、こっけいで笑える、おかしくて笑える、といった具合に文章化してみるとわかりやすいかもしれません。これらは、ゲラゲラと声を出して笑ったり、思わずプッと吹き出してしまったりするような「笑いを伴う動的な面白さ」です。

それに対して（2）と（6）は、あまり笑えるような感じはしません。どちらかというと「これは何だろう？」と関心を寄せたり、何だかわからないけど風情を感じてジーッと眺めたりするような「笑いを伴わない静的な面白さ」です。これらは、中学や高校で習った「古文」でいうところの「いとをかし」に近い面白さです。これを、その現代語訳である「趣がある」という言葉で定義してみましょう。

世の中の面白いものは、大きくは「笑ってしまうくらい面白いもの」と「笑えはしないけれど、趣があって面白いと感じるもの」の2種類に大別できると、私は考えています。この「笑える」と「趣がある」を、面白さの「質」に関する横の両極と考えて、「面白さの地図」に書き加えてみましょう（次頁参照）。

この「笑える」と「趣がある」の質の違いは、とても重要です。往々にして「面白い＝笑える」と誤解されがちなのですが、決してそうではないということを、ここで改めて強調しておきます。世の中には、笑えなくても面白いことはたくさんある、ということです。前にも書きましたが、これは英語での「funny」と「interesting」の違いに似ています。

たしかに日常生活の中では、「面白い」という言葉は「笑える」の方の意味で使われることが多いのかもしれません。「自分は面白いことが苦手だ」と思っている人、すなわち「面白いことコンプレックス」に陥っている人の多くが、おそらくこの誤解によって苦手意識を持ってしまっているのではないでしょうか。

しかし、それは「面白いことコンプレックス」ではなく、実は「笑えることコンプレックス」というだけなのかもしれません。「笑える面白さ」を表現することが苦手だったとしても、「趣がある面白さ」を表現する方が得意な可能性もあります。

これは、例えるならスポーツの得意種目のようなものです。球技が苦手でも走るのが得意だったり、走るのが苦手でも泳ぐのが得意だったり、人それぞれ得意な競技は違ってい

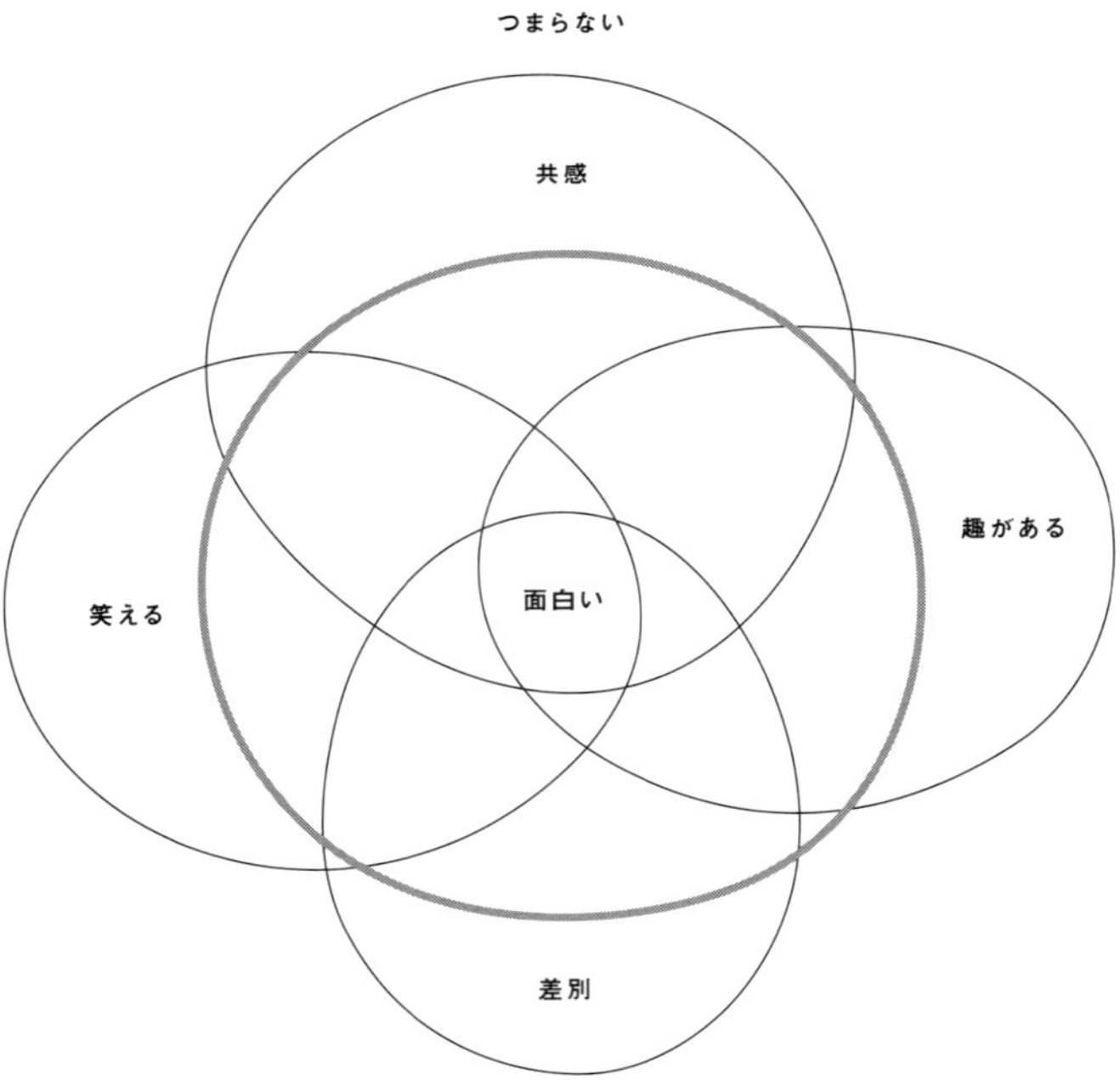
つまらない
共感
趣がある
笑える
面白い
差別

て然るべきなのです。

では、「笑える」という動的な面白さに対して、静的な面白さ「趣がある」とは、どういうものでしょうか。この節の冒頭で、古文の授業で習った「いとをかし」の現代語訳だと書きましたが、「趣」という言葉自体が、意味がわかるようでわからない言葉でもあります。まずは「趣」という言葉の意味について、例によって国語辞典で調べてみましょう。

［趣］

（1）風情のある様子。あじわい。「―のある庭」

（2）気配。気分。感じ。「秋の―が深くなる」

（3）だいたいの内容。わけ。事情。「お話の―は父から聞いております」

（4）様子。状況。「近く御上状況の―、家族一同お待ちしております」

（5）心の動き。心が動く方向。「人の心々おのがじしの立てたる―も見えて／源氏 帚木」

＊『大辞林 第三版』より

（3）の意味は「面白さ」とはあまり関係がなさそうですが、その他に含まれる「風情」「あじわい」「気配」「気分」「感じ」「様子」「心の動き」といった意味から、「趣がある」とは「しみじみと心を動かされる感じがする」という風に捉えることができます。このような解釈の仕方は古文の授業で習ったかと思いますが、もう少し日常的な言葉に置き換えるなら「興味をそそられる」ということです。

最近の言葉で言うと、ネット上でよく見かける「じわじわくる」というのも、これに近い感覚と言えるでしょう。例えば、美術館で見た美術作品に対して「面白いなぁ」と感じる気持ちや、自然の中で見つけた珍しい植物などに対して「面白いなぁ」と感じる気持ち、よくできた機械の仕組みなどを見て「面白いなぁ」と感じる気持ちなどが、これに当てはまります。

こうして見ると、やはり「趣がある」ものには「笑える」という印象は、ほとんど感じられません。

ちなみに、古文でいう「いとをかし」の「をかし」の意味を調べてみると、「趣がある」の他にも色々意味があるようです。

［をかし］

（1）こっけいだ。おかしい。変だ。

（2）興味深い。心が引かれる。おもしろい。

（3）趣がある。風情がある。

（4）美しい。優美だ。愛らしい。

（5）優れている。

＊『学研全訳古語辞典』学研教育出版より

こうしてみると、どこかで見たような感じがします。そうです。現代語の「面白い」の意味に似ているのです。（2）などは、まさに「面白い」そのものです。しかしながら、現代語の「面白い」には（4）の「美しい。優美だ。愛らしい。」や（5）の「優れている。」のような意味は、含まれていません。一方で、ややこしいことに古文には「おもしろし」という単語もあります。こちらについても、意味を調べてみましょう。

［面白し］

（1）趣がある。風流だ。すばらしい。

（2）楽しい。興味深い。

（3）珍しい。風変わりだ。

＊『学研全訳古語辞典』より

こちらも「をかし」と同様に現代語の「面白い」の意味と似ています。「をかし」との違いが難しいところですが、「面白し」にもやはり「美しい」や「優れている」という意味は含まれていません。これまで「面白い＝人を惹きつける何らかの魅力がある状態」と整理してきましたが、単純に見た目がキレイなだけ、かわいらしいだけでは「面白い」とは言えないということです。

そこにはやはり、見た目だけではなく、グッと心を惹かれる何か別の魅力が必要なのです。もちろん、「キレイで面白い」とか「かわいくて面白い」といったように、接続して形容することはあり得ます。

私の考えでは、古文の「をかし」が現代語になるにつれて「面白い」という言葉と、「美しい」や「かわいい」といった様子を表す言葉とに、分かれていったのではないかと推測しています。元々は一つの言葉で表せていたものだからこそ、「美しい」や「かわいい」も一見すると「人を惹きつける何らかの魅力がある状態」に近いものとして混同しやすいのかもしれません。

いずれにしても、少なくともこの本の中では「美しい」や「かわいい」といった言葉は、「見た目の様子を形容する言葉」として、「面白い」に含まれないものとして考えていきます。他にも、例えば「カッコいい」や「素敵」といったような言葉についても、同様です。

以上、面白さの「質」に関して、「笑える」と「趣がある」の違いについて考えてきました。この2つと、先に整理した「共感」「差別」とを合わせて、大きく4つの方向性に分けることができます。これによって、地図でいうところの東西南北のような大きな方向性が定められたことになります。

ただし、ちょっとズルいのですが、どの方向性もそれぞれが何となく重なり合うように描くことで、境界を曖昧な状態にしています。面白さという漠然としたものを体系化するためには、各要素を明確な4象限に分類するのではなく、ゆるく大雑把に捉えた方がイメージしやすいと考えているためです。

何か面白いものに出会ったときには、まずそれは「共感的な面白さ」なのか「差別的な面白さ」なのかということを考えて、次に、質としては「笑える面白さ」なのか、逆に「趣がある面白さ」なのか、ということを考えるといいでしょう。この分類をすることが、自分の「面白さのツボ」を知るための第一歩になります。

例えば「これは共感系で趣があるタイプだな」とか「こっちは差別的な笑える面白さだな」というように、複合的な判断ができます。例えば、前述の「あるある」は「共感×趣がある」系です。その他「ピエロ」や「変な顔」「変な動き」などは「差別×笑える」系、「サーカスの凄技」は「差別×趣がある」系であると言えそうです。

こうして色々な面白さを分類してみると、自分は「差別」系よりも「共感」系に惹かれるな、とか、表現するなら「笑える」系よりもやっぱり「趣」系の方が得意だな、というようなことが見えてくるはずです。その傾向から、自分の「面白さのツボ」がどこにあるのかが、段々とわかってくるのです。

ここからは、これら4つの方向性について、もう少し具体的な表現の例を探ってみましょう。そして、そこから抽出した面白さの例を「島」のように分布することで、「面白さの地図」を完成させていきたいと思います。

共感による面白さ
「パロディ」「時事ネタ・内輪ネタ」「お約束」「連想」

まずは「共感」による面白さについてです。前述の「あるある」以外の例としては、「パロディ」「時事ネタ」「内輪ネタ」などが挙げられます。これらの表現は、内輪の集まりなどで面白がられるような、いわゆる「鉄板ネタ」です。

身近な人ほど、生活圏やライフスタイルが近いので、より「共感」できるネタが多いのです。ただし注意しなければいけないのは、こういったネタは、相手が自分と共通する知識や経験を持っていることが前提にあるので、全く異なった環境やバックボーンを持つ人には通じない可能性がある、ということです。

「パロディ」というのは、いわば「模倣」のことです。元ネタを知らないと何のことやら全く理解できない面白さですが、その元ネタがわかったときには、脳内で「ああ、あれか！」とひらめくような喜びを感じます。これこそまさに「共感」によるものであり、「元ネタの面白さ」に「模倣の面白さ」が加わって、二重に楽しめるのです。そのため、うまくハマったときには、誰でもついつい笑ってしまうような面白さがあります。

いわゆる「モノマネ」や「替え歌」なども、パロディの一種といえるでしょう。例えば、忘年会や結婚式の二次会などの出し物や宴会芸で、そのとき流行っているお笑いのネタをパロディにしたり、替え歌を歌ったりするようなことがあると思います。芸のプロでない人が、全く誰も知らないネタをゼロから作って笑いを取ることは困難なので、こうしたシチュエーションでは、「パロディ」は実に有効な手段です。

パロディは、完全に自分の表現であるとは言えませんが、あくまでも身内で面白がる分にはいいのではないでしょうか（もちろん、著作権などには十分気をつけなければいけません）。

これはよく言われる議論ですが「パロディ」と「パクリ」の違いにも注意が必要です。私が考えるには、元ネタからヒントを得て、その表現の主たる要素をコピーし、そのまま

「自分の表現として」世の中に出してしまったら「パクリ」です。それに対して、あくまでも原作に対するリスペクトを持って（許可も取った上で）正しく模倣するのが「パロディ」なのではないかと考えています。漫画やイラストなどのいわゆる「二次創作」と呼ばれる表現も、この「パロディ」に該当するものでしょう。

ところで、私が最近考案したものに「会社員将棋」というものがあります。これは、将棋の駒を「会社の役職」に見立てた変則将棋です。歩兵は「社員」、香車は「係長」、王将は「社長」などといった具合に、各駒に役職が書かれています。

これも、将棋という誰もが知っているフォーマットの良さを拝借した、ある種の「パロディ」です。「パロディ」は、その元ネタの特徴をうまく活用しながら、そこに元ネタとギャップのある要素をかけ合わせることで、より面白いものになるのです。

ちなみに、出世（成り）は一つ上の役職にしか昇進できないとか、駒を動かすたびにサイコロを振って指示に従わなければいけない、といった変則ルールを設けています。このルールによって、将棋が得意な人もそうでない人も、平等に楽しめる遊びになっています。

身のまわりの表現においても、「パロディ」を活用したものはたくさんあります。例え

会社員将棋

ば、ハロウィンの「仮装」や「コスプレ」などは、わかりやすい「パロディ」の一種です。こういったものは、もし誰も知らないようなキャラクターに扮したとしても、おそらく面白いものにはならないでしょう。誰も「共感」できないものでは、「パロディ」として成立しないのです。

次に挙げる「共感」の例は、「時事ネタ」です。これは、普段の生活の中でもよく見られます。例えば、打ち合わせの冒頭に、最近話題になったニュースの話をしたりします。いわゆる落語の「まくら」のようなものです。特に相手との関係がそれほど親密でない場合や、単純に話題に困ったときなど、とりあえず時事ネタから入ってみると、意外と打ち解けられたりするものです。それは、ニュースというものが「みんなの共通の関心ごと」だからです。

フィクションではなく、世の中で実際に起こった「事実」だからこその「強さ」や「インパクト」といったものを、ニュースは持っています。それは、ニュースが起こった現場が、自分が生活している現実世界の延長線上に確かに存在していると、容易に想像できるためです。「事実は小説よりも奇なり」という言葉があるように、話題がリアルであればあるほど、人の心を強く惹きつけるのです。

ただし、この「時事ネタ」は情報としての「鮮度」が大事なので、ちょっとでも古くなったネタは、すぐに興味を惹かれなくなってしまいます。特に日本人はよく飽きっぽいと言われますし、ネットが普及したことでますます情報の「賞味期限」が短くなっているように感じます。

しかし、世の中の時流を体系的に捉えるためには、常に最新の情報に耳を傾けていて損はありません。そうすることで、自分の表現を随時アップデートすることができるからです。いま世の中では何が流行っているのか、何に関心が向いているのか、逆に何が嫌われていて、何に気をつけなければいけないのかなど、世の中全体の潮流を「知っておく」ということが肝心なのです。

流行の「時事ネタ」をうまく取り入れて人々の「共感」を得ることができれば、きっと面白い表現につながるはずです。表現というものは、ある意味で「情報戦」でもあるのです。これは、世の中に広く発表するための表現であっても、ＳＮＳなどでの個人的な情報発信でも同様です。

「時事ネタ」の仕入れ方として私がいろんな人にオススメしているのは、海外のニュースメディアやキュレーションメディアなどをFacebookでフォローして、一元管理するという方法です。

Facebookのフィードで流れてくる海外メディアの記事には、多くの場合、流し読みがしやすいように要約されたわかりやすい英語の字幕が表示されています。それを目で追って読むようにすることで、英語の勉強と社会の勉強が同時にできるのです。

そして、より詳しく知りたい場合は、わからない単語を随時調べながら、詳細に記事を読むようにします。国が変わればニュースも変わるので、いろんな国の情報を幅広く見てみると、取り上げる話題の傾向や論調も違っていて、とても面白いです。

ニュースサイトの他にも、自分の興味のある分野のキュレーションメディアなどもフォローしておくと、毎日最新の情報に事欠きません。それは、その日の話のネタとしても活用することができますし、企画やアイデアのキッカケにもなります。

時事ネタに限らず、表現というものが「時代性」と紐づいている以上、「面白い表現」をするためには、日頃の情報収集が重要です。世の中のすべての情報を知ることは不可能ですが、少なくとも自分が得意とする分野の最新情報くらいは、積極的にアンテナを張っておくべきでしょう。

また、専門分野でなくても、どんな分野にでも必ず面白い情報はあるものです。むしろ、知らない世界の方が、いろんな情報が新鮮に感じられるはずです。まずは、どんな情報に対しても「好奇心」を持って「面白がる」ことが、何よりも大切なのです。

共感による面白さについて、次に挙げるのは「内輪ネタ」です。

人は、誰もがいくつものコミュニティに属して生きています。家族・友人・恋人・職場・同級生・部活動などです。そして、それぞれのコミュニティで集まったときに、往々にして盛り上がることが多いのが、この「内輪ネタ」です。例えば、同窓会で久しぶりに昔の仲間と集まったときなどは、「共通の思い出話」が、一番盛り上がったりします。

他にも、仲間内だけの会話や、グループチャットなどでのコミュニケーションでは、「内輪ネタ」は「自分たちだけの共通のネタ」として、お互いの絆を深めることにつながります。しかし当然ですが、こうした「内輪ネタ」は、そのコミュニティに属していない人にとっては、面白くも何ともありません。外に向けた表現をするときには、あまり向いていないネタなのです。

「コミュニケーション」はいつでも、伝える相手によって内容をよく吟味して、上手に選択する必要があるのです。

また、その他の「共感」による面白さの例としては「お約束」というものもあります。これは「あるある」に似ているのですが、例えばテレビの長寿番組でよく見られる「お決まりの展開」などが、これに当てはまります。最後に正義は必ず勝つという「勧善懲悪」なストーリーも、ある種の「お約束」であると言えるでしょう。

日常生活の中での「お約束」の例を挙げると、道路に落ちている「バナナの皮」を踏んで滑って転ぶ、というような定番のイメージがあります。そんなことは滅多にありませんが、私は実際に眼の前で目撃したことがあります。試しに自分も踏んでみたのですが、あれは確かにビックリするぐらい滑ります。

「お約束」は、自分が予想した通りに事が展開することで、「心にかなう」という「共感の面白さ」を感じさせるものなのです。

これまで見てきた「パロディ」「時事ネタ」「内輪ネタ」「お約束」といったものは、いわゆる「ネタ」のようなものでしたが、そうではない「共感」の例として「連想」というものがあります。例えば、誰かと一緒に空を見上げて「あの雲、ゾウに似ているね」という風に連想し合う遊びは、誰もがやったことがあるのではないでしょうか。これは、「雲」

の形が「ゾウ」という「お互いに共通して認識できるもの」に「連想」できたことで、「共感」が生まれているのだと考えられます。

この「連想」をうまく活用すると、ストレートな表現に比べて少し「ひねり」が加わり、深みのある表現になるのです。いわゆる「比喩表現」も、この「連想」によるものです。

例えば、たまたま街中で見つけた郵便ポストが「人の顔」みたいに見えたときに、それをうまく顔に見えるような画角で写真に撮ってみると、ちょっと面白い写真になったりすることがあります。写真の上から鼻や口などをペイントしてもいいかもしれません。一見ポストに見えるけど、見方によっては顔にも見える、という「連想遊び」が、平凡なポストの写真にちょっと加わることによって、面白くなるのです。

この「連想」や「比喩」をうまく利用した表現は、広告の世界でもよく見られます。商品を単純にそのまま見せるだけではつまらないので、何か似たものに例えて「ひとひねり」加えるような表現です。

あえてそうすることで、見る人に一瞬でも「これはなんだろう？ ……あ、なるほど。そういうことか！」と考えさせることを目的としています。その人の興味を引くことさえできれば、短い時間ながら、その人とのコミュニケーションが成立したということになるのです。

このように、見る人に「考える余地を残す」という工夫が、人と表現の間に「コミュニケーションする時間」を生み出すのです。

また、SNSなどでの自己表現においても、この「連想」を使った面白い表現がよく見られます。それこそ、「○○の形に見える雲」といったネタはよく見かけますし、何かと何かが偶然ソックリであることを表現した「完全に一致」といったネタも、もはや定番化している感があります。

「たとえ上手」「連想上手」になることは、面白い表現へのわかりやすい近道なのです。何か気になるものを見たときに「これに関連したものは何だろう」「これは何に似ているかな」という風に、常に「連想力」を鍛えるクセをつけておくと、いいかもしれません。

これはまた後で詳しく説明しますが、面白い表現をする際には、この「関連づけ」が大事になってくるのです。

さて、ここまでは「共感」による面白さの例として、「パロディ」「時事ネタ」「内輪ネタ」「お約束」「連想」と言ったものについて考察してきました。「共感」による面白さは、まだ他にも色々なものが含まれますが、一旦これらを例として「面白さの地図」に配置してみたいと思います。

先ほどの系統分けの要領で考えると、まず「パロディ」と「お約束」は主に「共感×笑える」系に近く、時と場合にもよりますが「時事ネタ」「内輪ネタ」と「連想」は何となく「共感×趣がある」系に近いような気がします。もちろん「パロディ」の中でも差別的な笑いにつながるものだったり、「連想」の中でも趣があるというよりは笑える系だったりと、ケース・バイ・ケースで地図の中での位置が変わってきます。

共感系の中でも笑える面白さなのか、趣がある面白さなのか、それによっても表現の質や感じ方がずいぶん違うはずです。また、例えば自分が考えた表現が「差別」寄りだなと感じたときに、どうやったら「共感」に近づけられるか、というような「ずらし方」の目安にもなるかもしれません。

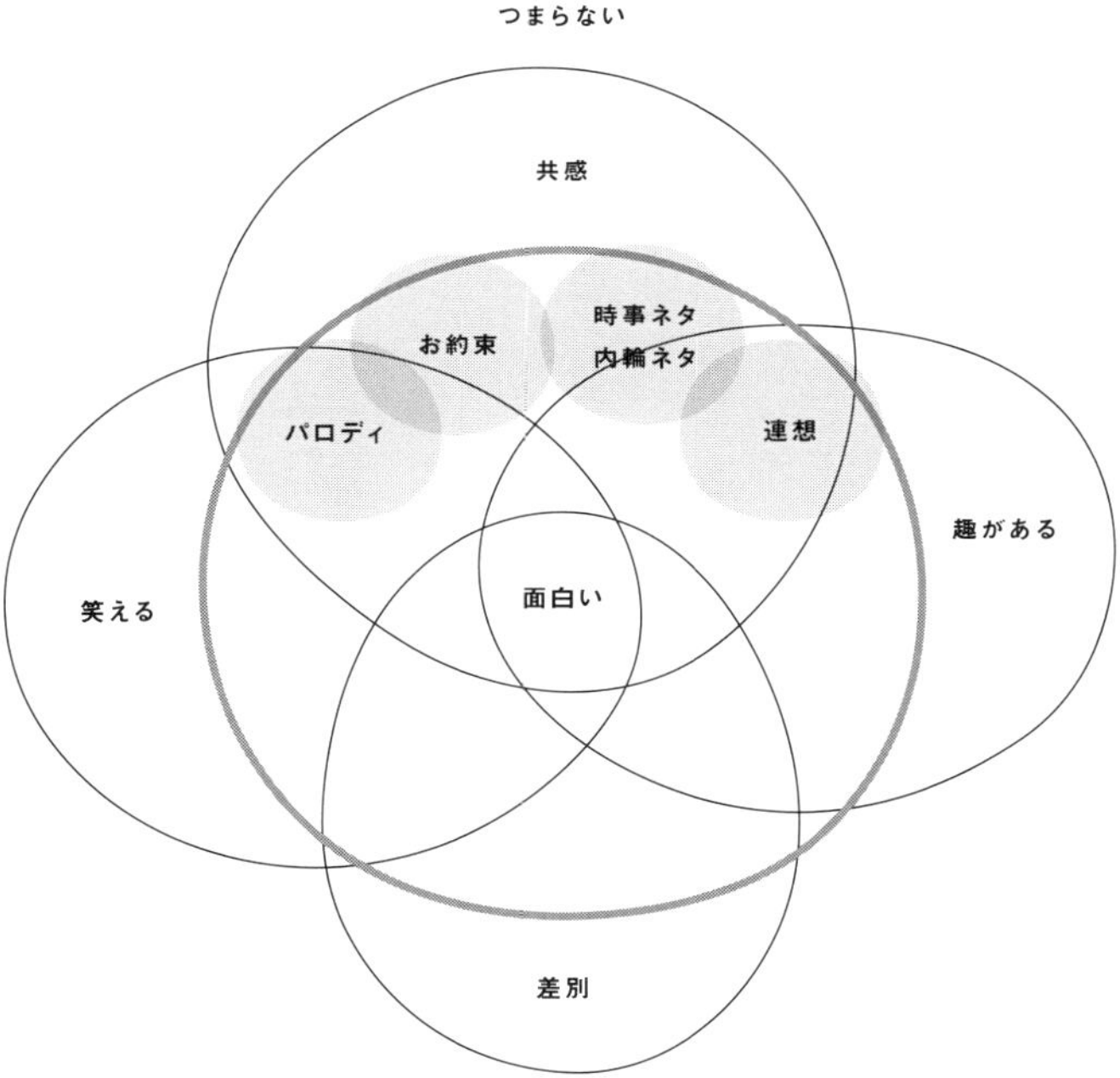
つまらない
共感
お約束
時事ネタ
内輪ネタ
パロディ
連想
趣がある
笑える
面白い
差別

差別的な面白さ
「ギャップ」「誇張」「比較」「タブー」

次は、「共感」の逆となる「差別」による面白さについて、いくつかの例を通して考えていきたいと思います。前にも書きましたが、ここでいう「差別」とは、あくまでも原義にある「区別して差をつけること」であり、いわゆる人種差別などの「差別行為」とは異なるものとして考えています。

また、そのように「差別＝区別して差をつけること」としたときに、「自分より上に差別すること＝ポジティブな差別」と「自分より下に差別すること＝ネガティブな差別」という2つの方向性があることも定義しました。「面白さの地図」の中の位置でいうなら、「ポジティブな差別」はより「共感」に近い上の方に、「ネガティブな差別」は「差別」の中でも特に下の方の位置になります。

「共感」のときと同じように、「差別」による面白さの中にも様々な種類があります。その中でも代表的なのが、「ギャップ」による面白さです。

何かある事象に対して、自分の予想を裏切るほどの「ギャップ（＝隙間）」を感じたときに、人は「面白い！」と感じるものです。

よくある例としては、「いつも怖そうな印象の人が他人に親切なことをしていると、ものすごくいい人に見える」というようなことがあります。これは、まさに「ギャップ」によるものです。「自分の想像」と「実際の様子」の間の差分に対して、「面白さ」を感じるのです。

「共感」の中で言及した「お約束」の「自分の予想通りになることの面白さ」と、真逆のものになります。ある種の「裏切り」と言ってもよいかもしれません。例えば、予想を裏切るような結末の映画に対して「面白い」と感じるのは、「自分の予想とのギャップ」によるものなのです。

ＳＮＳで写真や動画をシェアするような場合でも、「ギャップ」をうまく使うと面白い表現をすることができます。例えば、いわゆる「メイク動画」などは、わかりやすい例です。スッピンの状態からはとても想像できないような変貌を遂げるメイク術には、誰もが予想を裏切られ、驚かされます。ついついビフォー＆アフターを比較したくなり、何度も巻き戻して見てしまったりすることもあるでしょう。

他にも、変な表情をして写真や動画を撮る「変顔」なども、同じように「ギャップ」による面白さです。「まさかそこまでは変わらないだろう」という予想が裏切られることによって、面白みを感じるのです。単純に「変な顔」による「差別」的な面白さも、同時に感じているのかもしれません。

その他にも「ギャップ」による面白さの例は、たくさんあります。例えば、小学生なのにメチャクチャ楽器の演奏がうまい子どもや、普段おとなしそうな人がオーディション番組でビックリするほどの美しい声で歌う様子や、見た目は天使のようにかわいいのに捕食するときは「バッカルコーン」と呼ばれる触手を出して恐ろしい姿になるクリオネなどなど……。

ネットではよく「予想の斜め上をいく」なんて言われ方もします。「子ども↔プロ級の演奏」「見た目は普通の人↔驚異的な歌声」「海の天使↔おぞましい捕食シーン」といった「見た目からの想像と、それを裏切る現実とのギャップ」が大きければ大きいほど、人々の興味をそそるものになるのです。

また、これらの「ギャップ」と正反対のものとして「予定調和」という言葉があります。

これはまさに「予想の斜め上をいく」とは真逆で「想像の域を超えないありふれた様子」のことです。何かを表現する際には、いくらそれが正しくても、ありふれた表現だと「つまらない」ものになってしまうことがあるのです。そこに「意外性」や「驚き」が感じられない「予想通り」な表現だと、単調で魅力に乏しいものになってしまいます。

「予定調和」な表現は、気をつけないと意外と誰でもやってしまいます。例えば、交通安全のポスターを作ることになったとします。そこで「右を見て、左を見て、横断歩道をわたりましょう」というキャッチコピーとともに、ニコニコと笑いながら旗を持って横断歩道を渡っている児童の絵を描いたとします。これは一見間違っていないように思えますし、実際に正しい、あるべき姿なのかもしれません。

しかし、ポスターとしての機能を考えると、やはり見る人の注目を集めるためのアイデアや工夫が、もう少し必要な気がします。例えば、その横断歩道を渡っている子どもを「カルガモの親子」に変えたら、少しだけ面白く見えるかもしれません。もしくは、交通安全と最も縁遠そうな人、例えば「暴走族のような風貌の強面のお兄さんたち」が律儀に横断歩道を渡っていたら、ギャップがあって面白くなるかもしれません。

ただ問題なのは、子どもが歩いて渡っているだけの絵でも間違ってはいないだけに、そのままOKとなってしまうことがある、ということです。何となく無難なものを選んでしまうと、「予定調和」に気づかずに世の中に出てしまうようなことが、意外とよくあるのです。

ポスターのような表現でも、SNSなどの自己表現でも同様なのですが、世の中に出す前に一度、客観的によく見て「これは本当に面白いのか？」「予定調和になっていないか？」ということをよく検討することが大事です。

その他の「差別」的な面白さの例としては、「誇張」というものがあります。これはある種「ギャップ」にも通じるものなのですが、とにかく実際よりも「大げさ」に表現するということです。どちらかというと、通常よりも良く見せるための「差別化」なので、「ポジティブな差別」であると言えます。

わかりやすい「誇張」の例は、漫画の表現によく見られます。例えば登場人物がケンカするシーンを、モクモクとした土煙から手や足が出ている様子で表現したりします。さらに、そのケンカでケガをしたら、目のまわりを囲むように大げさに黒いアザを描いたり、バッテンのような絆創膏を顔に貼ったりします。いわゆる「漫符」と呼ばれる表現手法です。

日常生活の中ではありえないことですが、たしかに土煙があった方が、より激しくケンカをしているように見えますし、目のまわりのアザやバッテンの絆創膏があった方が、何となく痛そうに見えます。漫画の世界には、現実の世界で再現できないような「誇張された表現」によって、より「面白い」と感じさせる工夫がたくさんあるのです。

広告表現でも、「誇張」は非常によく使われる常套手段です。広告は短い時間のコミュニケーションによって、商品の魅力や効果などを伝える役割を担っています。より印象強く訴求するためには、多少大げさに表現することも、ときには必要なのです。

例えば、何か商品やサービスの金額を聞いたときの「え～～っ！　安い!!」という反応や、ビールを飲んだ後の「ク～～ッ！　うまい!!」という表情などは、「誇張」のわかりやすい例でしょう。日常生活で、そこまでオーバーなリアクションをする人はまずいません。

「誇張」ということでいうと、芸人がテレビなどで披露している（と言っていいのかどうかわかりませんが）「リアクション芸」と呼ばれるものも、これに当たります。熱い食べ物を本当に熱そうに見せたり、必要以上に痛がって見せたり、驚いて見せたり。

見る人からすると、過去に同じような経験をした記憶から「共感」できる部分と、改めてそうした様子を客観的に見ることで感じる「差別」的な部分との、両方の面白さが内在しているのかもしれません。

お笑いに限らず、ミュージカルや演劇、歌舞伎、寄席など、およそ人前で何かを演じて見せる行為には、往往にして「誇張」がつきものなのです。

また、そういった表現活動の中だけでなく、身のまわりの自己表現においても「誇張」は有効です。例えば最近では、スマホのアプリを使って簡単に写真を加工することができます。色味やコントラスト、ボケなどを強調したり、肌がキレイに見えるように加工したり、さらには目が実際よりも大きく加工されるものまであります。こういった加工も、ある種の誇張表現と言えるでしょう。

しかし誇張表現は、大前提としてそれが「誇張」であるとわからないと、あまり面白くなりません。アプリで加工した写真が、通常より微妙に目が大きくなっているくらいでは、あまり面白くはないでしょう。見る相手にとって「これは明らかに加工してるだろ！」とツッコミたくなるくらい大げさだからこそ、面白いのです。誇張表現をするときには、現実との差分が大きければ大きいほどバカバカしく、面白くなるということです。

それから、これも「ギャップ」に近い表現なのですが、「比較」という表現手法も、「差別」的な面白さの範疇に入ります。なぜなら、それは二つ（もしくはそれ以上）のものを比べることで、その間に「差をつけて区別する」ということに他ならないからです。

例としては、ダイエットの「ビフォー&アフター」を比較したような表現が、わかりやすいでしょう。ダイエット後の姿を見せるだけではなく、ダイエットする前の姿と並べて比較した方が、当然その差分（＝この場合はダイエットの効果）がわかりやすくなるので、表現としては目を引くものになります。

「え！　こんなに変わるの？」と感じるほどの「差」が、面白さにつながる「魅力」を引き出すのです。特に、ダイエットのような切実な問題に関しては、その効果をできるだけわかりやすく表現してあげた方が、より直感に訴えることができます。

先ほど「ギャップ」の所で書いた「メイク動画」も、比較による面白さが含まれています。ビフォーとアフターでその差が大きければ大きいほど驚きが生まれ、人に教えたくなるような面白さにつながるのです。

他にも、ネット上でたまに見かける「過去と現在の比較写真」なども、ついつい見てしまう表現です。昔の写真を同じシチュエーション、同じ登場人物、同じ服装で忠実に再現したものや、昔の風景写真に現在の風景を重ね合わせたようなものなど、その手法にも色々なものがあります。

こうした表現は、過去と現在の差をついつい細かく見比べたくなるものなので、必然的にその表現に対峙する時間が長くなります。人生や歴史といった時間の流れに、どこか「ロマン」を感じるせいかもしれません。

また、いわゆる「まちがい探し」も、比較による面白さを利用したものと言えます。かなり古典的な手法ですが、誰でもついつい間違いを探してみたくなってしまいます。もしかすると人間は、目の前に似たようなものが並んでいると、つい興味を持って比較したくなる生き物なのかもしれません。

考えてみれば、私たちの生活は比較の連続であるとも言えます。朝起きたら、その日に着ていく服をどれにしようか比較検討します。電車に乗ったら座るべきか立っているべきか比較して、昼になれば何を食べようかメニューを比較し、家に帰ったらどのテレビ番組を見るか比較します。

こうした行動は別に面白くてやっているわけではなく、自然に行なっていることですが、常に瞬間的な判断力が必要とされます。目の前にある小さな課題をクリアするために、瞬間的に比較して、検討して、答えを選択するというクセがついているのではないでしょうか。だからこそ、「間違い探し」のような「課題」が目の前に現れると、ついつい解決したくなってしまうのです。ちなみに間違い探しは、3Dアートの要領で「裸眼立体視」を使って二つの絵を重ねて見ると、間違いの箇所がチカチカして見えるという攻略法が有名ですが、それをやってしまうと間違い探しの面白さがなくなってしまうので、あまりオススメはしません。

さて、ここまでは「ギャップ」「誇張」「比較」といった、どちらかというと「ポジティブな差別」の面白さについて考察してきました。ここからはあえて、その逆の「ネガティブな差別」の例を探ってみましょう。

「ネガティブな差別」も、使いようによっては面白いものになることもありますが、人によっては不快に感じる人もいるかもしれないので、注意が必要です。その最たるものが「タブー」です。

タブーとは、その名の通り禁止されていること、いわゆる禁忌とされていることです。その禁忌の度合いは、ものによって違うので一概には言えませんが、禁止されるとむしろやってみたくなってしまうのが人間というものです。その背徳感やスリルが逆に魅力となり、物珍しさも相まって「面白い」と感じてしまうのです。

例えば、小学生が「う●こ」などの下品な言葉を使ってゲラゲラ笑うのも、このタブーに触れたことによる面白さです。普段「言ってはいけないとされていること」と「日常会話」の間にある「差」が、差別的な面白さにつながっているのだと考えられます。


最近ではYouTubeなどの動画サイトや、NETFLIXなどの動画配信サイトが一般的になりました。その面白さの一つの理由として、テレビでは放送倫理上絶対に実現できないようなコンテンツが見られるから、ということが挙げられます。言うまでもなく、テレビではタブーなことがネットではタブーではないことがある、ということです。どうせ見るなら、テレビでは滅多に見られないような、インパクトのある面白い映像を見たい！という欲求が、誰にでもあるのでしょう。

タブーとされていることは、普段は滅多にお目にかかることができないからこそ、見る人に強い衝撃を与えます。昔テレビでよく見た「衝撃の映像」というようなものも、言ってみればタブーに近いものでした。事故映像やハプニング映像などは、通常のテレビ番組ではあまり流れないインパクトの強い映像です。いわゆる「怖いもの見たさ」が、人々の興味をそそるのです。

ただ、ネットの情報が発達したことによって、そうしたインパクト映像もいつでも見られるようになった分、タブーとしての強さは少し弱まっているのかもしれません。昔はいわゆる「アンダーグラウンド」と呼ばれていたようなことも、ネットの普及によって、あまり珍しいものではなくなってきているのです。

タブーに近いことを「表現」に用いれば、単純に人の興味をそそるようなものは作れるのですが、そもそも禁止されている以上、オススメはできません。ネット上であっても、当然ルールがないわけではありませんし、キワドイものを追求し過ぎてエスカレートしてしまうと、取り返しのつかない問題に発展してしまうこともあるからです。

例えば海外で流行した、危険なことにチャレンジする系統の動画などがそうです。カプセル型の洗濯用洗剤を飲み込む「タイドポッドチャレンジ」と呼ばれるものや、体に可燃性オイルを塗って火をつける「ファイヤーチャレンジ」など、ほとんど自殺行為に近いようなものが流行ってしまうこともあるのです。

こういうことをやってしまう感覚は、常識的には信じられないものですが、再生回数を稼ぎたいという「承認欲求」がそうさせてしまうのでしょうか。人間には、誰でもそういう欲求が少しはあると思いますが、面白いことも度が過ぎてしまうと面白くなくなってしまう、という典型的な事例といえるでしょう。

さて、ここまでは「差別」的な面白さについて、「ギャップ」「誇張」「比較」「タブー」という4つの例を見てきました。これらも「共感」のときと同じように、何となくマッピングしていきましょう。

やはりどれもケース・バイ・ケースなのですが、「ギャップ」は「差別」の中でも少し「共感」寄りで、「笑える」か「趣がある」の横軸で考えると、どちらかというと「笑える」に近いのではないかと思います。「誇張」も同様な気もしますが、もう少し「趣がある」の方に近いあたりでしょうか。「比較」は、それらに比べると少し「差別」寄りに、「タブー」は最も「差別」方向の極端に近い所に置いてみます。

もちろん、これら以外にも「差別」的な面白さと考えられるものはたくさんあります。身のまわりに潜んでいる「差別的な面白さ」を探してみてください。そして自分の発見した面白さが「ネガティブな差別」寄りになっていないか、より「ポジティブな差別」に近づける（＝共感性を高める）にはどうしたら良いかということを、地図を眺めながら考えてみましょう。

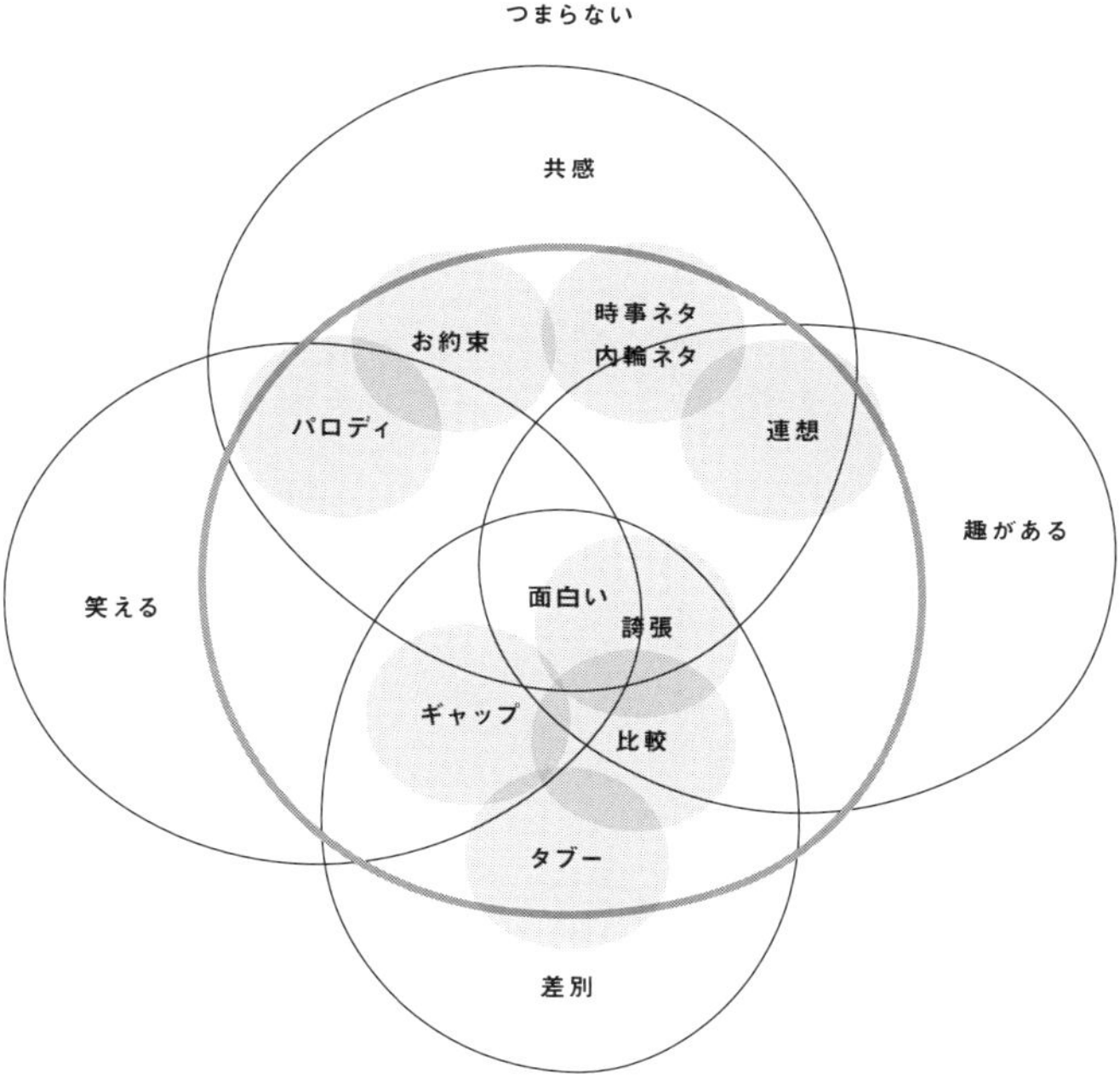
つまらない
共感
お約束
時事ネタ
内輪ネタ
パロディ
連想
趣がある
笑える
面白い
誇張
ギャップ
比較
タブー
差別

笑える面白さ「ギャグ」「ダジャレ」「ユーモア」「皮肉」

ここからは、「笑える面白さ」について、「共感」や「差別」と同様に、いくつかの例を通して考えていきたいと思います。先にも述べたように「趣がある面白さ」が英語で言うところの「interesting」に近いのに対して、「笑える」は「funny」に近い面白さです。「funny」とは、「おかしい」「こっけいな」「変な」「奇妙な」という意味を持っています。これは、先述の国語辞典での「面白い」の項目の中にあった「楽しい。愉快だ。」や「こっけいだ。おかしい。」という意味に通じるものがあります。そしてそれは、文字どおり声に出して笑ってしまうような、「笑い」を伴う動的な面白さです。

そもそも「笑う」という行動は、とても不思議です。自然界において、「怒る」や「喜ぶ」といった基本的な感情は、動物が生きていく上で絶対に必要なものです。例えば、ライバルが縄張りを侵してきたら怒って攻撃をしたり、気に入った異性を見つけたら喜んで求愛行動をしたりするでしょう。それに対して、「笑う」ということは、一見すると生存競争において必ずしも必要なことのようには思えません。

ところが「笑う」という行動は人間固有のものなのかと思いきや、どうやら人間以外にも、サルやラットも笑うということが実験によってわかっているそうです。

２００９年に英国ポーツマス大学の心理学者マリーナ・ダビラ・ロス氏が、オランウータン、ゴリラ、チンパンジーなどの若い霊長類を対象に動物くすぐり実験を行なったところ、それらのサルは笑いを返したのです。また、２０００年に発表された米ワシントン州立大学の心理学者であり心理科学者でもあるヤーク・パンクセップ氏の論文によると、ラットをくすぐったところ、遊んでいるときに出すのと同じさえずるような音を出したといいます（*NATIONAL GEOGRAPHIC 2015.06.17のネットの記事より）。

これらの笑いは「くすぐり」による笑いなので、何かに対して「面白い」と思って笑ったのではなく、もっと肉体的な反射に近いものです。しかし反射だとしても、外に向けて「笑う」という行動をとる意味は何なのでしょうか。

私が思うには、「くすぐり」であっても「面白いこと」であっても、何らかの外的な「笑える」要因に対して、まるで「くしゃみ」のように耐えきれずに外に出てしまうものが「笑い」なのではないかと考えています。
そして、それを表情や声に出して外に向けて表現するということは、「笑う」ということもまた「コミュニケーション」の手段の一つであると考えられます。その証拠に、「笑い」は周囲の人間に伝染します。誰かが笑っていると、周囲の人間もつられて笑ってしまうのです。これは、いわゆる「喜怒哀楽」のどれよりも感染力の強いものです。

例えば写真の世界でも、あらゆる写真の中で「笑顔」のポートレートが、一番訴求力の高いものだと言われています。だからこそ、広告でも色々な場面で使われるのです。人は、人が笑っている様子を見ると安心するのです。
先述のラットの実験を行なったパンクセップ氏によると「ラットや類人猿は賢いから笑うと思われがちだが、笑いに知性は不要である」と考えているそうです。曰く「逆に考えた方がいいでしょう。つまり、どんな種の動物でも、遊ぶことが社会的知性を強化するのだと」。

この「遊び」というのが、大変興味深いところです。たしかに、生存競争ということだけでいうならば、あらゆる動物にとって「遊び」など必ずしも必要のないことなのかもしれません。しかし、パンクセップ氏の言うように「社会的知性」が「遊び」によって強化されるのだとすれば、動物の進化において「遊び」や「笑い」はとても重要であるということになります。

一方で「遊び」という言葉には、もちろん単純に「遊ぶ」という行動自体を指す意味もありますが、歯車や機械などの少しの隙間や、動きの自由を指す意味もあります。このことについては、フランスのロジェ・カイヨワ氏が、その著書『遊びと人間』の序論の中で、次のように触れています。

（略）「遊び」という言葉は、動きの自由、運動のなめらかさ、過度にわたらぬ有益な自由という観念を喚起する。たとえば、歯車の「遊び」とか、また、船が錨（いかり）を下ろして「遊ぶ」（たゆたう）とかいった場合である。このような動きの自由は必要不可欠な可動性（モビリテ）を可能ならしめる。ある機械装置をうまく機能させるのは、さまざまの部品の間に存在するこの遊びなのだ。しかし他面、この遊びは極端に過ぎてはならぬ。極端だと機械は狂ってしまうだろうから。念入りに計算されたこの遊びの空間は、機械が故障して動かなくなったり、調子を狂わせるのを防ぐ。こうして、遊びとは厳密正確のさなかに残さるべき自由を意味する。自由が保たれていればこそ、厳密はその有効性を獲得し、保持するのである。

＊『遊びと人間』ロジェ・カイヨワ／多田道太郎・塚崎幹夫訳　講談社学術文庫より

要するに、歯車や機械は「遊び」がなくギチギチに作られてしまうと、うまく機能せず、かといって「遊び」が多すぎても空回りしてしまって、これもまたうまく機能しなくなるという話です。ちなみに、この歯車の「遊び」も、いわゆる「遊び」と同じように、英語では「play」という単語で表されます。これもまた面白い事実です。

こうしたことは言葉のあやのようにも取れますが、思うに「人生」も同じです。ただ生きるために必要なことをしているだけでは「余裕」がなくなって、うまく回らなくなってしまいます。きっと人生には、適度な「遊び」が必要なのです。そしていうまでもなく、ここでいう「遊び」には、当然「笑い」や「面白さ」も含まれるのです。

「笑える」ということに関して言及するならば、真っ先に思いつくのは「お笑い」です。

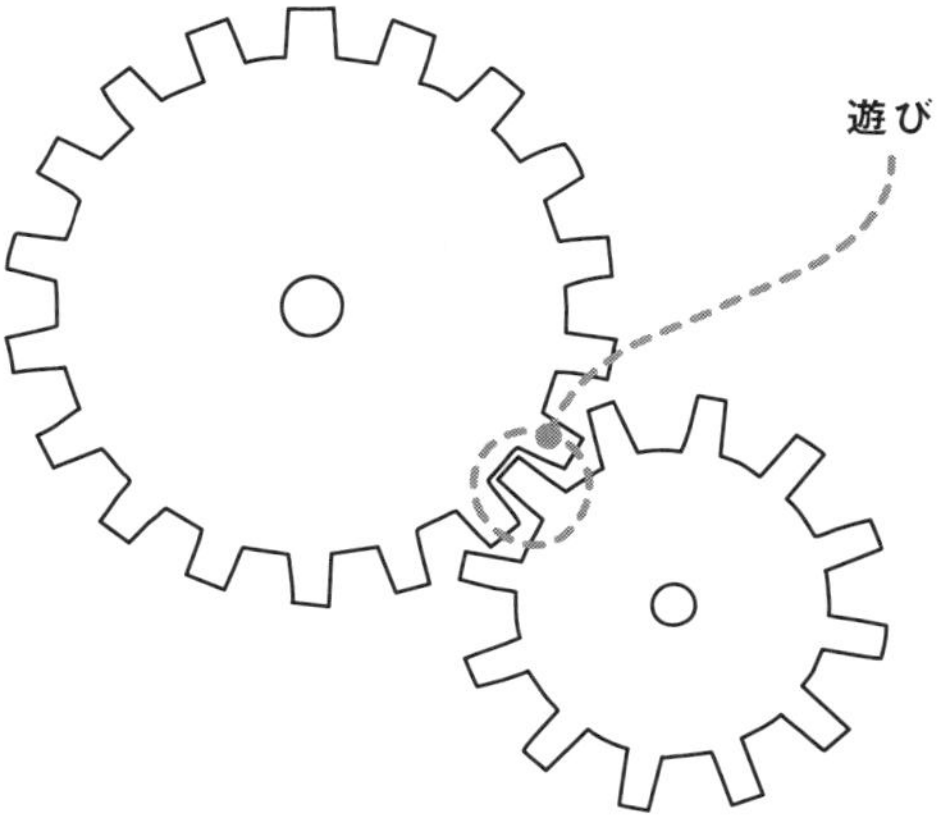
遊び

「お笑い」の型の一つである漫才に「ボケ」と「ツッコミ」という役割があります。「ボケ」の役割は主に、普通とは異なるおかしなことを言ったり、変な顔や変な動きを見せたりすることです。「ツッコミ」はそれに対して、常識的な立場からやや大げさに指摘することが主な役割です。

これは個人的な見解に過ぎないのですが、漫才の面白さというものは「ボケ＝差別的な笑い」と「ツッコミ＝共感的な笑い」という相反するもの同士が共鳴し合うことによって、言わば「笑いの化学反応」が起こり、ドッカンドッカンと笑いが止まらなくなるのではないでしょうか。そう考えると、実によくできた構造だと思いますし、かなり高度な発明であると言えます。

一方で「面白い＝笑える」という誤解が「面白さコンプレックス」を生み出しているということについても、以前に触れました。これは、そもそも日本人の気質が「真面目」であることに起因しているのではないかと考えられます。

公の場だけではなく、仕事の場、勉強の場においても、不真面目にふざけることは御法度であり、清く正しく真面目であることをよしとする風潮があります。「仕事なんだから真面目にやりなさい」とか「ふざけていないで勉強しなさい」という杓子定規な考え方が、笑いや面白さを阻害していることもあるのではないでしょうか。

もちろん、状況をわきまえずに悪ふざけすることは良くありません。しかし、仕事だって勉強だって、面白いに越したことはないはずです。先ほどの歯車の例のように「遊び」も少しは必要なのです。


では「笑える」面白さの例には、どんなものがあるのでしょうか。最もわかりやすい例は、いわゆる「ギャグ」と呼ばれるものです。しかし、「ギャグ」とは一体何でしょうか。あまりにも一般的な言葉になり過ぎているので、本来の意味を問われると、ちょっと疑問です。

そこで少し調べてみたところ、英語の「gag」にはそもそも「さるぐつわ」や「言論圧迫」などの意味があり（＊『新英和中辞典』研究社）、一説によると19世紀のヨーロッパの舞台俳優が、観客の私語を止めさせて舞台に注目させるために始めたもの、とされているそうです（＊Wikipedia）。そこから転じて、日本語での「ギャグ」は「観客を笑わせるために筋と関係なく挿入される即興風な台詞や動作」という意味になっています（＊『大辞林 第三版』三省堂）。

この「即興」という部分が肝心です。たしかに、お笑いのライブや番組を見てみると、「ギャグ」はその場の空気や勢いから「笑い」を生み出しているものなのだとわかります。

なので、例えば広告のように、綿密な準備の下に制作される表現の中で「ギャグ」の面白さを再現するのは非常に難しいと、個人的には思っています。

即興的な表現ではなく、あとから何度も見られるような形式、特に台本が用意されているような設定になってしまうと、どうしても面白みに欠けるような気がしてしまうのです。

SNSでも、ずっと残るものではなく、一定時間で消えてしまうコミュニケーションが最近では増えてきています。これは、「一回ならいいけど何回も見せるには恥ずかしい」という感情に適した形式になっています。そういう意味では「ギャグ」のような「生もの」にも向いているのかもしれません。

一般的な会話の中での「ダジャレ」や「冗談」といったものも、これに近い即興性があります。「ダジャレ」というと、一見くだらないもののようなイメージがありますが、脳科学的に見ると、右脳と左脳を駆使した高度な働きによるものだということが、最近の研究によってわかってきているそうです。

カナダのウインザー大学の研究チームの実験結果によると、脳は「ダジャレ」を処理する際に左半球と右半球が異なる役割を分業しているらしく、最終的に左右の脳が連絡を取り合った結果として、ジョークの〝落ち〟がつくのだそうです（＊日経サイエンス２０１７年2月号）。
よく「右脳と左脳を行き来するような考え方が重要」というようなことが言われますが、そのための訓練として「ダジャレ」が有効かもしれないということです。たしかに、先ほど「共感」の中で説明した「連想」ということも、まさにこの能力が必要とされるものです。「ダジャレ」というのは「笑える」と「共感」の両方に関わる面白さなのです（その内容が本当に面白いかどうかは別の話ですが）。

また、以前見たテレビ番組（＊ＮＨＫ「チコちゃんに叱られる！」２０１8年11月2日放送）によると、例えば「バナナ」という単語を聞いたときに、人は左脳の「側頭連合野（脳の中で記憶や情報が保存されている「国語辞典」のような部分）」が活動し、「バナナ」に似た単語を検索するそうです。その中から、「バナナ」に似た「バカな」という似た単語を探し出し、「そんなバナナ」という風に関連づけるということなのです。

このように一つの情報から別の記憶を呼び覚ますことを「連想記憶」というそうなのですが、この「連想記憶」は30代から伸びて50歳頃でピークに達するといいます。「連想記憶」の呼び出しが得意ということは、アイデアを発想するための「関連づけ」が得意であるということです。「関連づけ」に関しては後程また詳しく説明しますが、50代くらいが、最もそれを得意とする年齢なのかもしれません。

また、同じ「笑える」面白さの中でも、もう少し柔らかいものに「ユーモア」がありま す。これも例によって国語辞典で調べてみると、「ユーモア」とは「思わず微笑させるような、上品で機知に富んだしゃれ。」と書かれています（＊『大辞林 第三版』三省堂）。

これはギャグと比べると、少し笑いの質が違うようです。「ギャグ」が、即興性が高いのに対して「ユーモア」はウィットに富んだ笑いということですから、少しの間考えた上で発せられるものであることがわかります。そして、そこには何らかの発見やアイデアが必要になってきます。

ちなみに「ユーモア」は英語で「humor」と綴るので「human＝人間」という単語と関係があるのかと思っていたのですが、どうやら語源は別であるというのが通説のようです。

日本ではあまり見かけませんが「風見鶏」というものがあります。あれは、読んで字のごとく風向きを見るためのものですが、わざわざ鶏の形を模しているところに「ユーモア」を感じます。

ただ風向きを知りたいだけなら、わざわざ鶏の格好に似せる必要はないはずです。しかし、屋根の上という建物の外観としていちばん目立つ場所に設置する大切なものだからこそ、そっけないデザインにするのではなく、装飾として鶏の形をあてがったのかもしれません（一説によると、魔除けとしての意味もあるそうですが）。

いずれにせよ、わざわざ加工に手間のかかる形状にあえて挑戦するような所が、極めて人間的であり、面白いところです。面白さというものは、こういった「隙間」や「余白」の部分にこそ必要とされるものなのです。

また、先ほど「ユーモア（humor）」と「ヒューマン（human）」は似ているようで語源が違うらしい、ということを書きました。しかし、何でもないものであっても、ちょっとした「ユーモア」が付加されることで魅力的に見え、そこに何となく「人間くささ」を感じられるような気がします。

これは「面白さ」の根幹にも関わる部分なのですが、どんな「表現」であっても、その背後にはそれを表現した人の「意思」や「残留思念」のようなものが感じられるものなのです。これこそが人を惹きつける力の根源なのではないかと、私は考えています。

このことは、「アート」に対して感じる面白さも同様です。そもそも「アート（art）」という言葉には、「人工（のもの）」という意味があります。もちろん、自然物に対しても

「面白さ」を感じることはたくさんありますが、そこに「ユーモア」を感じることはありません。たまたま自然のいたずらで「ユーモア」っぽく見えるものはあり得ますが、そこに人間の意思はないのです。

先述の通り、「ユーモア」には人間の「機知＝知恵」が必要であり、それは人間にしか成し得ることのできない表現なのです。

また、その他の「笑える面白さ」のジャンルのひとつに「皮肉」というものがあります。これもある意味「ユーモア」の一種とも言えますが、「皮肉」とは「相手の欠点や弱点を意地悪く遠まわしに非難すること」です。そもそも意地の悪い行為なわけですから、やや「差別」的なニュアンスも含みます。

そして、この「皮肉」を応用したものとして「風刺」があります。風刺の意味を調べてみると「他のことにかこつけるなどして、社会や人物のあり方を批判的・嘲笑的に言い表すこと」とあります。つまり、「皮肉」を込めて社会や人物に対して遠まわしに批判することが「風刺」ということです。この「風刺」は、昔から欧米では新聞の一コマ漫画などによく見られ、「風刺漫画」と言われるジャンルが確立されています。

いつの時代も、社会や政治などに対する不満や欲求は常にあるものです。その発露とし

て、漫画という親しみやすい表現で、社会性の強いメディアである新聞に皮肉を表現するのです。漫画にすることで、そのかわいらしい絵柄の印象との「ギャップ」が大きくなり、そのメッセージはより痛烈なものになります。

日本においても、古くは江戸時代の浮世絵や幕末の錦絵などにも、風刺を表現したものを見ることができます。近年では、痛烈な風刺漫画というものは、日本ではあまり一般的ではありませんが、欧米では今でも新聞や雑誌などでよく見られ、社会的な影響力も大きいものになっています。

2015年に、フランスのパリで週刊風刺新聞を発行する「シャルリー・エブド」本社が襲撃された痛ましいテロ事件は、記憶に新しいところです。「皮肉」や「風刺」はメッセージ性が強いだけに、度が過ぎると大変なことにつながってしまうこともあるのです。やはり政治や宗教といった「タブー」に触れてしまうようなことは、極力避けるべきなのでしょう。

と言いつつ、私も以前に風刺漫画にトライしたことがありました。「原始人A」という漫画で、原始時代の生活から現代の社会問題を風刺できないかと考えて描いたものです。

003：あるく.

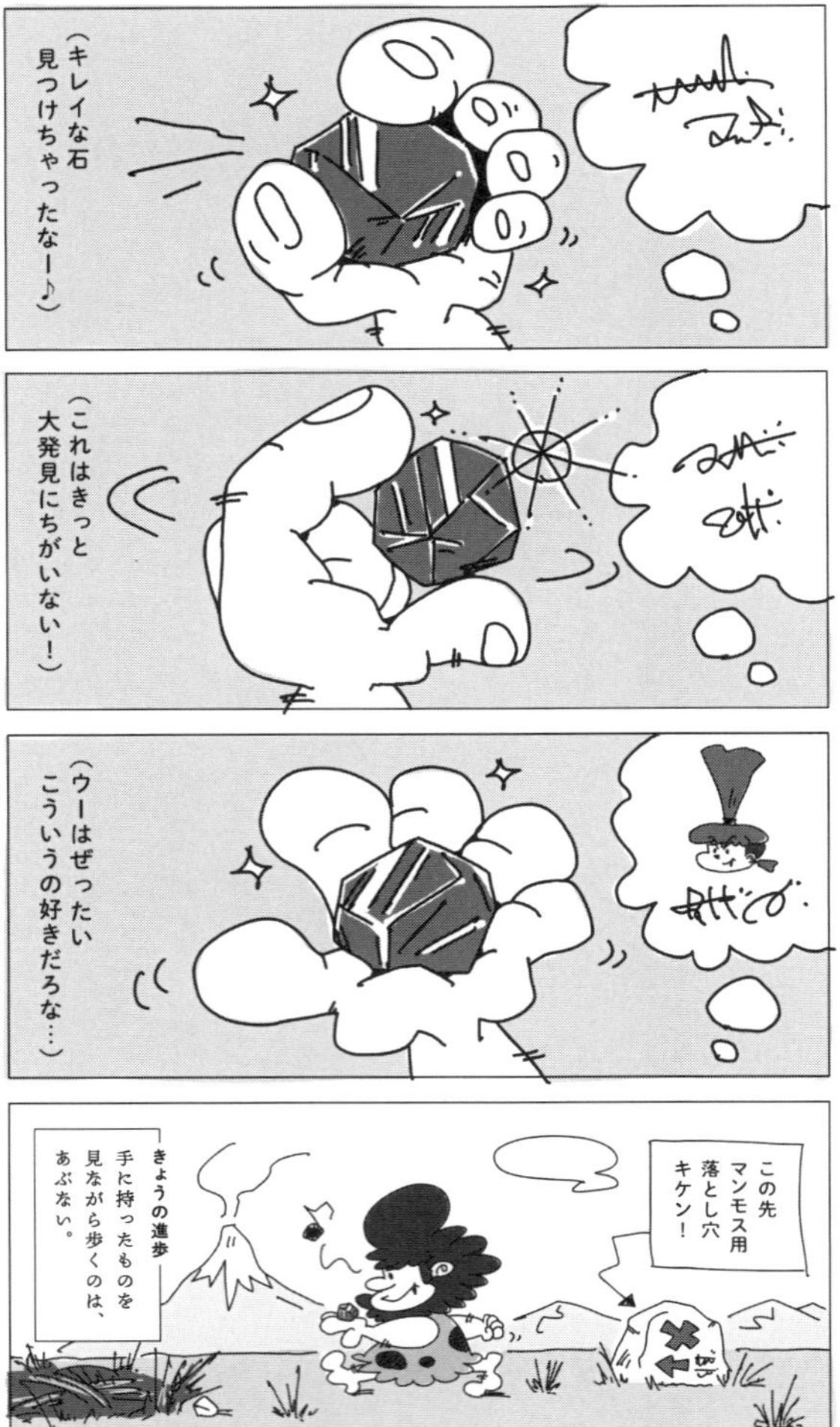

（キレイな石見つけちゃったなー♪）
（これはきっと大発見にちがいない！）
（ウーはぜったいこういうの好きだろな…）
この先マンモス用落とし穴キケン！
きょうの進歩
手に持ったものを見ながら歩くのは、あぶない。

010：いみふ.

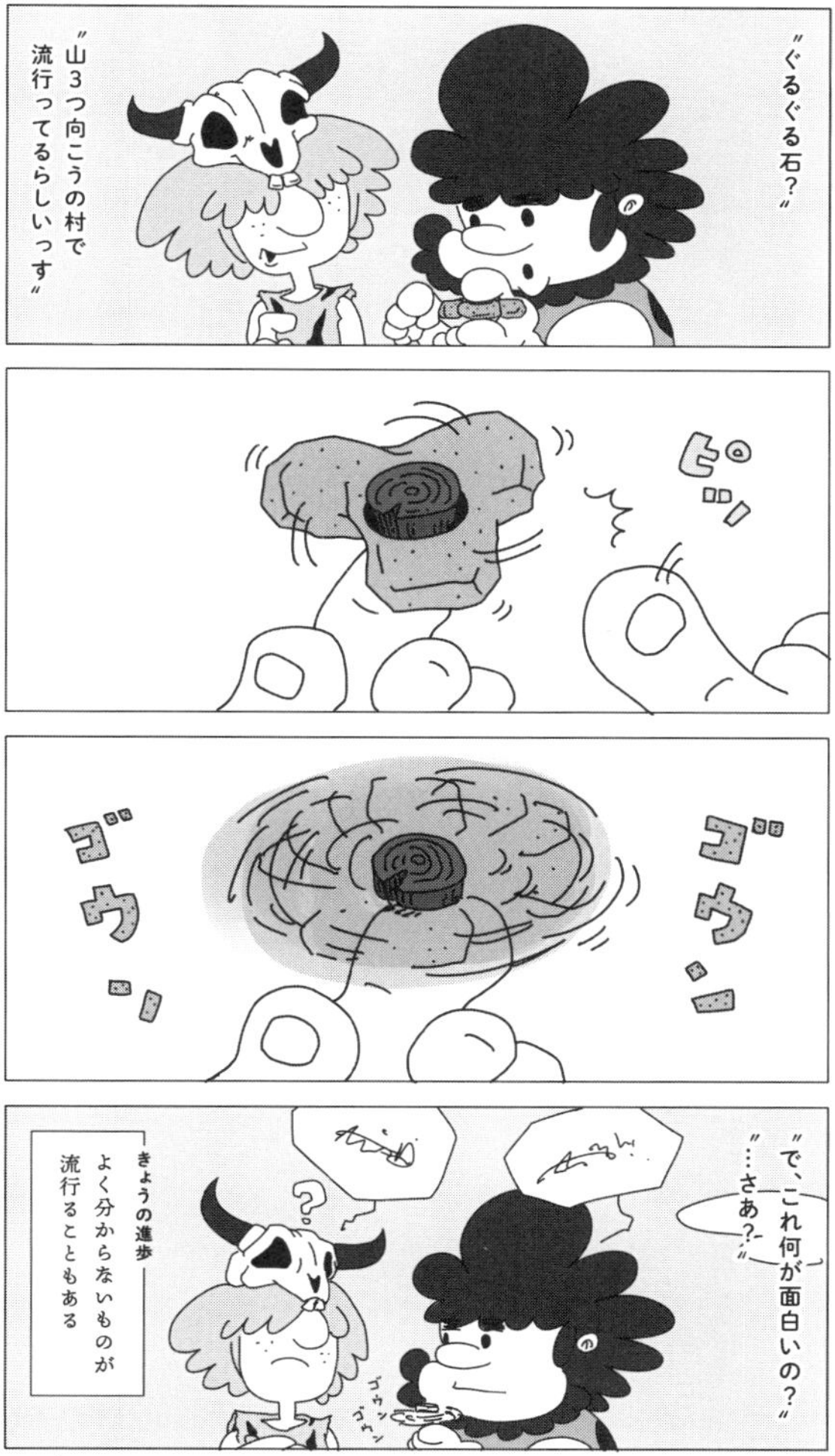

©ishuttle

1つ目の漫画は「歩きスマホ」、2つ目の漫画は「流行りもの」を風刺したものです。「風刺」にとって一番重要なことは、それによって人々に「(問題について)考えさせる」ということです。「皮肉」による笑いも誘発しながら、テーマとしている社会問題について少しの時間でも人々に何か考えさせることができたなら、コミュニケーションとしては成功したと言えるでしょう。

さて、ここまで「笑える面白さ」について、いくつかの例を見てきました。これまでのように「面白さの地図」にマッピングしてみましょう。例によってケース・バイ・ケースではありますが、「ユーモア」は「共感」寄り、「ギャグ」と「皮肉」は「差別」寄りに置いてみることにします。「ダジャレ」は、「笑える」の中でも「共感」に近い所になります。

こうして見ると、「笑える」の中でもゲラゲラと笑えるようなものから、思わずクスッとしてしまうようなものまで、その幅はいろいろです。表情や行為に現れるフィジカルな「笑い」だけでなく、心の中で「笑える」と思うくらいのことまで、少しゆるく広めに捉えた方がいいでしょう。

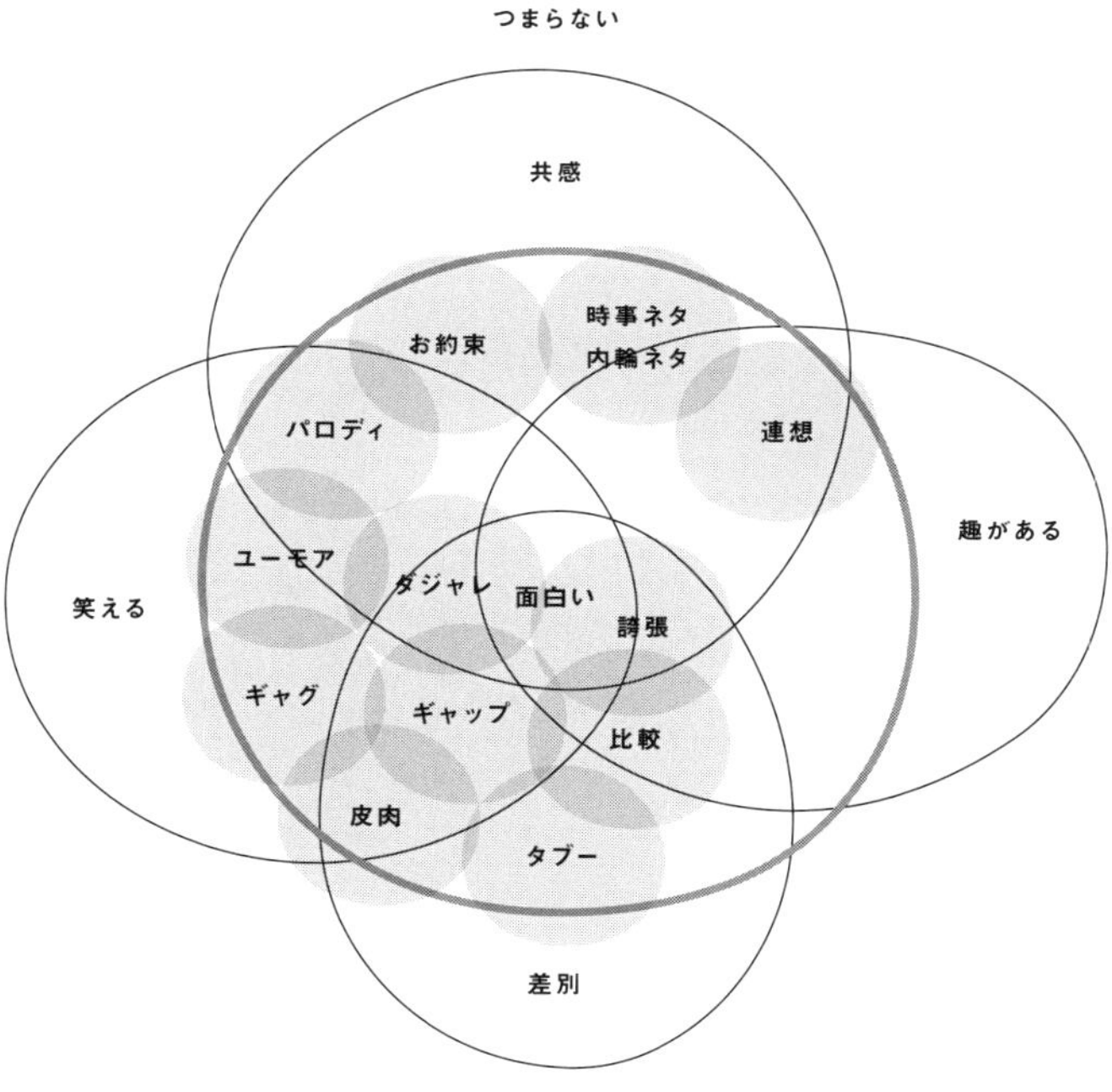
つまらない
共感
お約束
時事ネタ
内輪ネタ
パロディ
連想
趣がある
ユーモア
ダジャレ
面白い
誇張
笑える
ギャグ
ギャップ
比較
皮肉
タブー
差別

ＳＮＳや様々なＷｅｂメディアが一般化してきたことで、最近では24時間３６５日、笑えるような面白いネタを見ることが、より簡単になりました。個人のネタでも企業発のネタでも、笑いのプロが発信するようなネタでも、Ｗｅｂ上では「面白い」ということが重要な価値になっています。当然、面白くないと大してシェアもされませんし、そもそも見向きもしてもらえません。しかし逆に、誰が見ても笑えるような面白いネタは、どんなに小さなことであっても、瞬時にシェアされて、世界中に伝播していく可能性もあるのです。

考えようによっては、誰にでもチャンスが開かれた世界になったとも言えるわけで、「全人類総表現者時代」に突入したと言っても過言ではありません。YouTuberがいい例でしょう。

そして「笑える」ということは、とても幸せなことです。イギリスの研究者によると、笑顔1回で、チョコバー二千個分に相当する脳への刺激が生じるそうです。生物学的には、笑顔はコルチゾールやアドレナリン、ドーパミンなどストレスホルモンを減少させ、さらにはエンドルフィンのような幸せホルモンを分泌し、血圧を下げる働きがあるそうです

（＊https://logmi.jp/business/articles/33960）。

普段からたくさんの「笑える」ような面白さに触れることで自分も幸せになり、その面

白さを伝えることで、まわりの人も幸せにできる可能性もあるのです。

趣がある面白さ

「じわじわくる」「よくできてる」「未知」「シュール」

さて、次は「笑える」面白さの対極となる「趣がある」面白さについて、考えていきたいと思います。前に「趣」という言葉に関して調べましたが、ここで改めて、「趣がある」とはどういうことなのか、国語辞典から引用してみたいと思います。

「趣がある」
ある傾向や趣向が感じ取られる様子、あるいは、しみじみとした風情の感じられるさまなどを意味する様子。

＊「実用日本語表現辞典」より

「ある傾向や趣向が感じ取られる様子」というのは、一見「面白い」とはあまり関係がなさそうですが、やはりそこには、どことなく「興味をそそられる雰囲気が感じられる」という印象があります。また、古文の授業で習ったように「しみじみとした風情の感じられるさま」と書かれていますが、これはどういう様子を指すのでしょうか。今度は「風情」という言葉の意味について、一部引用してみます。

［風情］

（1）風雅な趣。味わいのある感じ。情緒。情趣。「－ある眺め」

（2）様子。ありさま。「寂しげな－」

（3）能楽で、（趣ある）所作・しぐさ。

（4）みだしなみ。「人の－とて朝毎に髪ゆはするも／浮世草子・一代男 3」

＊『大辞林 第三版』より

こうして見ると、「味わいのある感じ」や「情緒」は分かりやすくイメージできる気がします。どちらかというと(1)は「雰囲気」を表す言葉ですが、その他にも「様子」や「所作」「みだしなみ」など、およそものの見た目から感じられることの多くを包含するような、広い意味があるようです。

これらの意味から考えると、以前にも触れた「じわじわくる」という感じも「趣がある面白さ」であると言えます。面白さが「じわじわ」と感じられるので、瞬間的に「面白い!」と感じるというよりは、「一見なんとも思わないけど、徐々に面白くなってくるような状態」です。

例えばそれは、よくよく見るとちょっと「変」な要素が含まれている画像や、字幕の内容との微妙なギャップが感じられる画像などを指して使われる言葉です。何が面白いのかがわかるまでの「時間差」を経てしみじみと心を動かされ、何とも言えない面白さにつながるのです。

「じわじわくる」のような「時間差」のあるコミュニケーションは、デザインにも関係してきます。デザインには瞬発的なコミュニケーションと、時間をかけて伝わるコミュニケーションとが存在します。ユーザーと関係する時間の長さによって、表現の仕方も変わってきます。表現物には必ず「寿命」があるのです。

パッケージデザインを例に取ると、例えばお菓子や飲料のようなものは、だいたい食べたり飲んだりしてすぐに捨てられてしまう運命にあります。これらは、比較的寿命が短いデザインであると言えます。そのため、注力すべきは、売り場で他の商品と並んだときに、いかに個性を主張して目立つことができるか、という点にあります。

逆に、例えば化粧品などの場合は、使用期間が比較的長く、その間は家の洗面所に置いたり、ポーチに入れて持ち歩いたりすることになるので、むやみに派手なデザインのものは不向きです。むしろ、家に飾っても邪魔にならず、人に見られても恥ずかしくないような「飽きのこない」デザインが求められるのです。

こういった寿命の長いデザインの場合には、「じわじわくる」ような時間をかけて伝わるコミュニケーションが有効です。一瞬で興味を失ってしまうようなものよりも、使っている内に段々と良さが伝わるものの方が、より長く人と付き合うことができるからです。

それはつまり、ユーザーとのコミュニケーションが長く続くということです。デザインを施されたものは、デザイナーの手を離れた瞬間から、その人以外の人にとってはただの物体でしかありません。それでもなお、初めて出会ったユーザーとどれだけ濃密なコミュニケーションをとることができるかが、デザイナーの腕の見せ所なのです。

このことは、専門的なデザイン以外の表現についても同じことが言えます。例えば、スマホで適当に撮った写真でも、ＳＮＳなどでシェアした瞬間から不特定多数の人々の目に晒されます。だからこそ、一瞬でスルーされてしまうようなつまらないものよりも、どこかに「じわじわくる」ような要素があった方が、長い時間見てもらえる可能性があるのです。

そして、それによって「何度も見たくなるような表現」ができたら、よりシェアされやすいコミュニケーションになります。

また、その他の「趣がある面白さ」の例としては、「よくできてる」というものがあります。

これはどういうものかというと、例えば「ピタゴラスイッチ」（ＮＨＫ教育テレビ）に出てくる「ピタゴラ装置」のような、いわゆる「ループ・ゴールドバーグ・マシン」と呼ばれる表現手法などが、これに当てはまります。これは、様々な仕掛けやカラクリを使って、それらが次々に連鎖していくような装置のことです。その名の通り、ループ・ゴールドバーグ氏というアメリカの漫画家が、１９４０年代に考案した表現手法だそうです。

ルーブ・ゴールドバーグ氏は、その複雑さや面倒臭さ・無駄加減さに着目し、20世紀の機械化への道を走る世界を揶揄したのです（＊Wikipediaより）。球などの物体による連続的な動きや展開は、それ自体が面白く、ついつい目を奪われてしまいます。

他にも、ドミノ倒しや工場の機械の動きなどにも、同様の魅力があります。その仕組みの精巧さを見て「よくできてるなぁ」と感心するのはもちろんのこと、ただの物体があたかも意思を持っているように動いたりする様子に、何とも言えない「愛着」を感じるからなのかもしれません。

ネット上でも、ルーブ・ゴールドバーグ・マシンに着想を得たと思われる動画が、無数に見られます。これほど長い間人々を魅了し続け、同じような仕組みだとわかっていてもついつい見てしまうようなフォーマットは、なかなか他に類を見ません。

誰かがそこに長い時間をかけて準備したという痕跡が見えるからこそ、その「結果」が気になるのでしょう。そして、「この後どうなるのだろう」という期待感やスリルのようなものが、見る人の興味をそそるのです。

また、期待感やスリルということで言うと、人間や動物などの妙技を撮影した、いわゆる「スゴ技動画」と呼ばれるようなものも、ある意味で「趣がある面白さ」が感じられます。これは、YouTubeなどでよく見られる動画です。

例えば、街中でアクロバティックなジャンプや回転技を繰り広げる「パルクール」や、見事な手際でお好み焼きを作る職人技、スケボーを上手に乗りこなす犬、高校生がゴミを一発でゴミ箱に投げ入れるような動画など、実にたくさんの種類があります。こうした「スゴ技動画」は見ているだけでも爽快で、感心というよりも「感嘆」や「驚嘆」に値するものです。

これも前に述べたサーカスと同様、「ポジティブな差別」によるものです。「自分にはとてもできない」「こんなことよくできるなぁ」と思えるようなことに対して、人は強く興味をそそられるのです。当然、その技がスゴければスゴイほど、再生回数やいいね数などもドンドン伸びていきます。これもまた、見る側の感覚としては「よくできてる」という類のものだと言えます。

やはり人は、自分の想像の範疇を超えたものに対して、面白いと感じるものなのです。そういう意味では、自分が全く知らないものや理解不能なもの、すなわち「未知」のものも、「趣がある面白さ」です。「未知」のものに対しては、それについて自分が何も知らないからこそ「好奇心」や「興味」が自然と湧いてくるのです。

例えば、「宇宙人」や「ツチノコ」のような未知の生物に対しては、誰でも自然と興味を惹かれるものです。「見たことのないものを見たい」という純粋な気持ちは、誰もが心の中に持っているものなのです。

「宇宙」や「海底」や「地底」など、実際に目で見たことのない未知の世界にも、強く心を惹かれるものです。

ちょうどこの原稿を執筆中の2019年4月に、史上初めてブラックホールの姿を捉えたという画像が話題になりました。ブラックホールであると言われても何だかよく分からない画像ではありますが、誰もが興味を惹かれたのではないでしょうか。

このように、それまでの常識を覆すような未知のものに、人は好奇心をくすぐられます。もしかするとそれは、原始人の時代から培ってきた生きる術なのかもしれません。人間がそもそも強い「好奇心」を持っているからこそ「未知」のものを見たい・触りたい・調べたいと思うわけで、その「未知」を解明し続けることで、人類は一歩ずつ進歩してきたのです。

知らないものを知らないままにするのではなく、常に「好奇心」を持って物事の真理を探求する姿勢が、自己の成長につながるのです。

最後にもう一つ「趣がある面白さ」の例として、「シュール」というものを挙げたいと思います。これは芸術運動のひとつ「シュールレアリスム（超現実主義）」から来ていますが、辞書によると「現実を超越していて、真の理解が不能だというさま。理性による合理的な解釈ができないさま。」とあります。理解不能という点では「未知」と近いニュアンスがあります。

よく「シュール系の笑い」などという風にも使われますが、それはどちらかというと「趣がある」というよりは「ギャグ＝笑える面白さ」の一種です。ここでの「シュール」は、本当の意味での「理解不能」なものを指します。人は「理解不能」や「意味不明」なものに対しても面白さを感じるというのは、大変興味深いところです。言ってみれば、「面白さに意味なんてなくてもよい」ということの証明でもあります。

私は以前、「風刺」をテーマにした「原始人A」とは別に、シュールな漫画を描いてみたこともありました。理解できるかできないかの中間あたりをねらったものです。まずは、こちらをご覧ください。

「ハイタッチ」篇

ヘーイ!!
グッモーーニン!!
パーーン!!
ヘーイ!!
いい天気
だねぇ
ヘーイ!!
今日も
カワイイね!
ムッ!!
ちょっと
待てーぃ!!
ぐ!!
ガッ
悪いねぇ…
金のない
ヤツぁ
通せねぇんだ

タッチ1秒の
守護神。

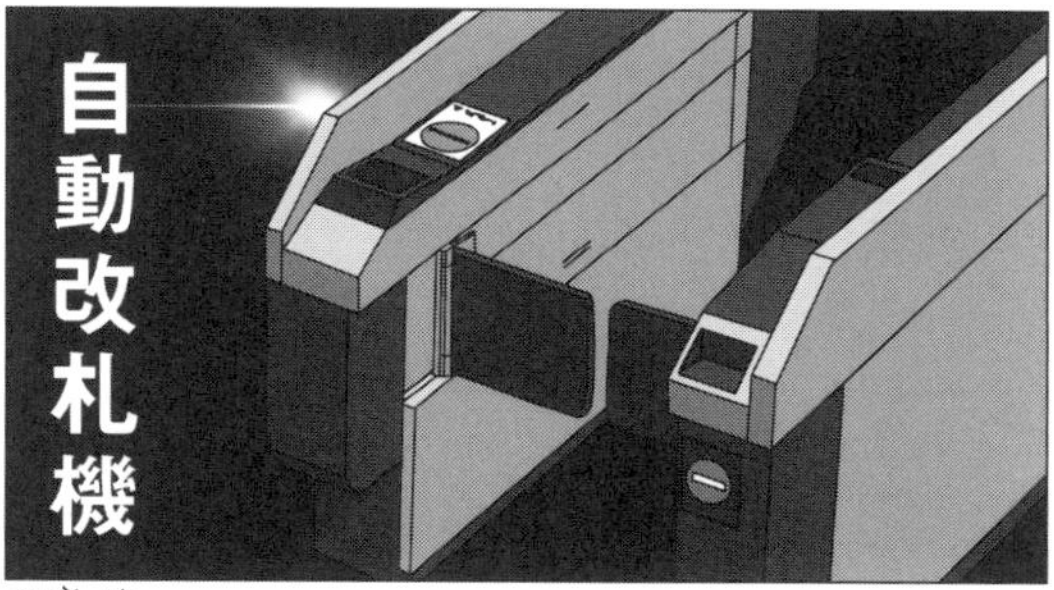

「負けない」篇

不屈の闘志で
世界を守る。

これは、「ご覧のスポンサーの提供でお送りします」という題名の漫画です。「擬人化」という手法を使って、絶対にCMにならなさそうなもののCMを、勝手に作ったような設定になっています。読んだ人が一瞬、「?」と考えて、答えがわかった時に「!」と納得できるような、「シュール」であることを逆手に取ったコミュニケーションを目指したものです。

「シュール」も「じわじわくる」と同様、うまく活用すれば、時間差のある面白さを表現することができるのです。

「シュール」なことを意識的に表現するのは難しそうにも感じられますが、ちょっとしたことなら、誰でも簡単に表現することができます。一見普通そうな表現の中に、少しだけ変な要素を入れればいいのです。例えば、写真の遠近法を使った遊びがあります。

誰もが一度はやったことがあると思いますが、遠くにいる人があたかも手前にいる人の手に乗っかっているように撮影するような遊びです。ピサの斜塔の前で、傾いた塔を支えるようにポーズをとるのと同じ要領です。もはやありきたりの手法ではありますが、うまく撮影できると、何ともシュールな写真になります。こういったギミックを用いた非日常的な写真表現は、人間の思い込みや目の錯覚をうまく利用した手法です。

さらに、Photoshopなどの画像編集ソフトで合成やレタッチを駆使すれば、およそ人間の想像しうるような絵は何でも表現できる、と言っても過言ではありません。しかし、こうした技術のおかげで表現の幅が広がった反面、どんな写真を見ても「どうせ合成でしょ」と最初から疑ってしまう目を、誰もが持ってしまっているような気がします。

リアリティを追求した表現に関していうならば、よっぽどのことでない限りは、ビジュアルのインパクトで驚くということが、少なくなってしまったように私は感じています。むしろ、全く見たことのない生物や風景などの一発写真の方が、よっぽどインパクトがあります。シュールレアリスムに端を発する「超現実的な表現」というものは、写真の合成技術がなかった時代だったからこそ、より魅力的に見えていたのかもしれません。

ちなみに、現代人が1日に得ている情報量は、江戸時代であれば1年分、平安時代であれば一生分とまで言われているそうです。逆に考えると、情報が少なかった時代だからこそ、昔の人はいろんなものに「好奇心」や「想像力」を掻き立てられていたのかもしれません。

そう思うと、現代はひどく現実的な世界になってしまったような気もします。「好奇心」は、すべての創造的な活動の原点です。「面白さ」に関していうなら、「好奇心」こそが「興味」を引き出し、「興味」が「面白さ」につながるのです。常に創造的な生き方をしていくためには、昔の人々が非現実的な世界を考え出したような「好奇心」や「想像力」を見習った方がいいのかもしれません。

ここまで「趣がある」面白さの例として、「じわじわくる」「よくできてる」「未知」「シュール」といったものを見てきました。これらをまた「面白さの地図」の中に配置してみましょう。「じわじわくる」や「よくできてる」は「趣がある」の中でも「共感」寄り、「未知」と「シュール」は「差別」寄りに置いてみることにします。

これでようやく「面白さの地図」の全体像を描くことができました。少しゴチャゴチャしてきましたが、一口に「面白い」と言っても、たくさんの「面白さ」があることがおわかり頂けたかと思います。

しかし本章冒頭でも述べたとおり、この地図はあくまでも一つの例として、私の思いつく範囲で整理を試みた結果です。他にもまだ、ここに入るべき要素は無限に存在するはずです。何か面白いことを考えるときのイメージとして参考にして頂きつつ、自分だけの

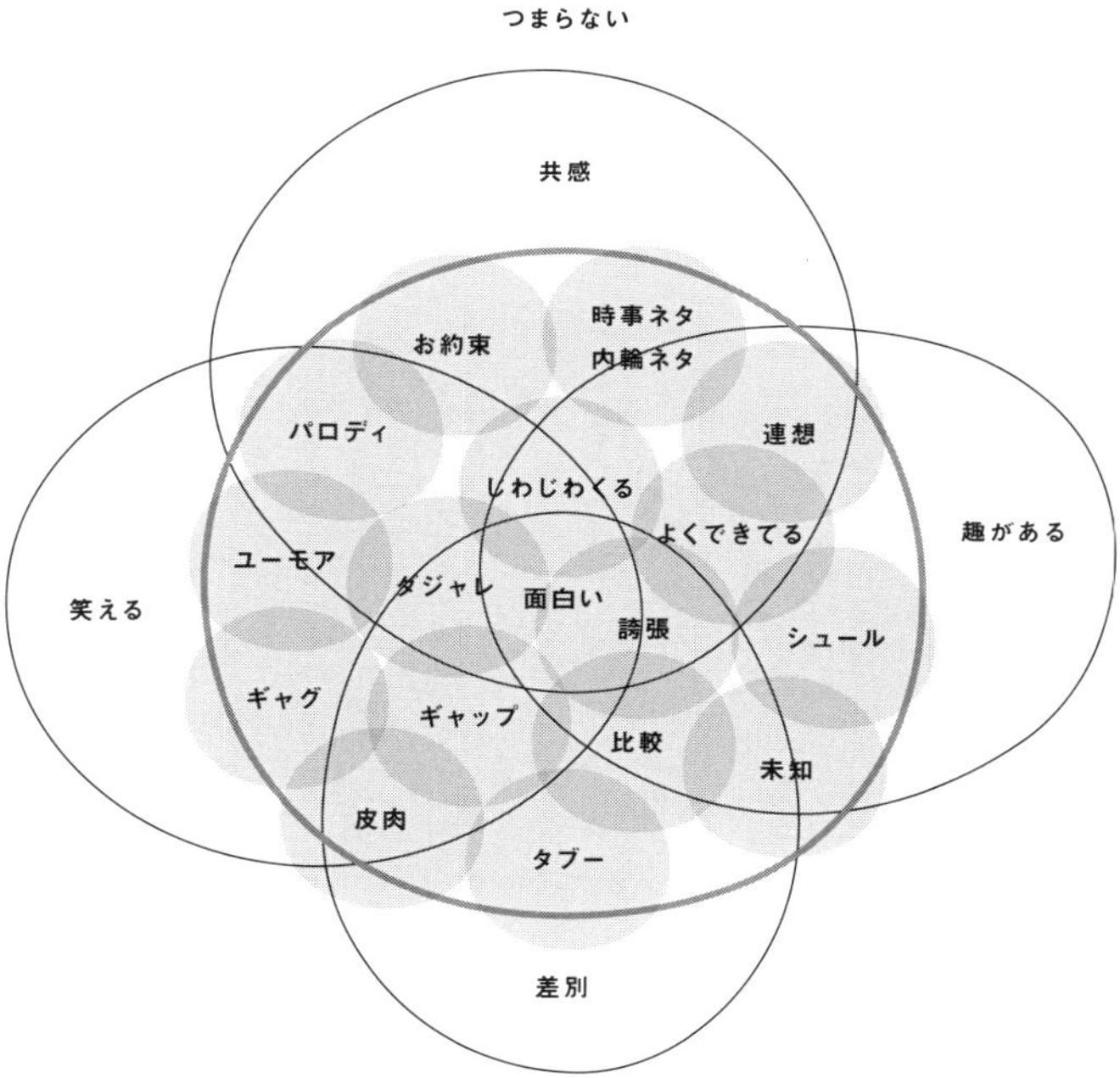
つまらない
共感
時事ネタ
内輪ネタ
お約束
連想
パロディ
じわじわくる
よくできてる
趣がある
ユーモア
ダジャレ
面白い
笑える
誇張
シュール
ギャグ
ギャップ
比較
未知
皮肉
タブー
差別

「面白い地図」をどんどんアップデートして頂けたら、幸いです。

そして、その地図の中で、自分が好きな面白さや得意な面白さ、逆にちょっと苦手な面白さなどが見えてくると、より自分なりの表現に活かすことができるはずです。それが、まさに自分の「面白さのツボ」を知ることができたということなのです。

ちなみに私の場合は、自分としては何となく「共感」とか「趣がある」の方向性に惹かれるような気がしています。逆に「笑える」系はあまり得意ではなく、やや苦手意識があります。

しかし、普段あまり表現をしないような人にとっては、自分の「面白さのツボ」がハッキリとはわかりにくいと思われるかもしれません。そこで次の章からは、あまり表現をしたことがない人でも「面白さのツボ」を探すことができる方法について、紹介していきます。

第3章

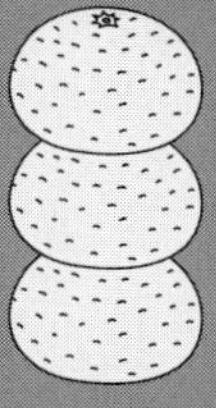

「面白さの観察」をしてみよう

●自分の「面白さのツボ」を見つけるには

表現することに慣れている人もそうでない人も、自分自身を客観的に見ることは、容易ではありません。内面的なこともちろんですが、そもそも自分の顔や態度などを、自分が他人を見ているような感覚で見ることは不可能です。できることなら幽体離脱でもして、一度でいいから他者の視点で自分がどんな人間なのか見てみたいと、私は昔から思っています。でもおそらく、いろんな意味で幻滅してしまうことは間違いないでしょう（笑）。

映像に撮られた自分を見るだけでも、自分の声や表情、動きなどが、あまりにも想像とかけ離れていて驚くことがあります。それだけ、自分が思い描いている自分像というのは、他人が見ている実際の自分とは全く異なるものなのでしょう。

また、自分を客観視するどころか、主観的に見ることでさえ難しいこともあります。「やりたいことがわからない」というのは、自分のことがわからない典型的な例でしょう。これはよくよく考えると不思議なことですが、たしかに難しい問題です。私も若い頃は特にそうでした。私が思うに、やりたいことがわからないのは、まだいろんなことをやっていないからなのではないでしょうか。当たり前と言えば当たり前なのですが……。

とにかくたくさんのことをやってみることが大切で、色々やっているうちに本来自分がやりたかったことが、段々と見えてくるものなのではないかと思います。

「自分が好きな面白さ」についても、似たようなことが言えます。「自分が好きな面白さがわからない」ということは、自分が面白いと感じることについて、まだたくさんの面白いものに出会っていない（と思っている）だけなのかもしれません。

このように、自分の外面も内面も、自分のことはわかっているようで意外とわかっていないのです。さらに言うならば、「自分の魅力」について、本当に理解できている人は少ないのではないでしょうか。外見的なことならわかりやすいかもしれませんが、それだって人によって感じ方も違うはずです。

例えば、自分のチャームポイントは目で、あまり好きじゃないのは口だと思っていても、周りの人から見たら、口の方がよっぽど魅力的に見えている可能性もあります。内面的なことであれば、尚更です。自分としては内向的な性格だと思っていても、他人から見たら決してそんなことはなく、むしろ大人しいけど社交的な人に見えているかもしれません。

面白さも同様です。「自分の面白さ」について、ハッキリと理解することは困難です。「自分の面白さ」というのは、つまり「自分の魅力」そのものです。自分が本来持っている魅力を客観的に理解するには、他人に聞くのが一番早いのかもしれません。

しかし、もし自分が過去に表現した「面白いもの」が手元にあるとしたら、客観的に「自分の面白さ」を見つめ直すことは、それほど難しいことではありません。自分が作ったものや表現したものというのは、言うなれば「自分を映し出す鏡」のようなものだからです。

デザイナーという職業柄、私はこれまで色々なものを作らせてもらいました。しかし、毎日作ることを仕事にしていると、過去に作ったものを振り返って見直すような時間は、あまり多くありません。そこで、改めて自分が作ったものを並べて見直してみたところ、ようやく自分の「面白さのツボ」が少し見えてきたような気がしています。

私の持論としては、デザイナーはアーティストではないので、自分の作風というものをあまり意識しないようにしています。広告であれば、ブランドや商品のイメージに合わせて、トーン&マナーを臨機応変に対応していくべきだと考えています。しかしながら、過去に作ったものを改めて見直してみると、何となく共通点が見出せたりしてしまうことがあります。

やはり同じ人間が作るものなので仕方ないことですし、決して悪いことではないのですが、作るものが無意識のうちに自分の好きな表現・得意な表現というものに少し偏っているのかもしれません。自分の作風というものは、意識せずともにじみ出てしまうものなのです。

このような経験から考えると、自分の「面白さのツボ」を客観的に見つけるためには「過去に自分が作ったものの中から、面白いと思うものを改めて観察することで、その傾向を見出す」という方法が考えられます。

自分が過去に表現したものを探す方法

自分の「面白さのツボ」を見つけるためには、「過去に自分の作ったものを観察してみる」ということが一つの方法であることがわかりました。しかし、わかりやすく自分の作ったものがたくさんある人はいいのですが、そうでない人の場合にはどうすればいいのでしょうか。そこで、誰でも簡単にできる方法をひとつ考えました。

それは、

「スマホを開いて、過去に撮った写真を観察する」

という方法です。

みなさん、いま手元にスマホを持っていたら、開いてみてください。iPhoneでもAndroidでも、写真アルバムがあると思います。どのくらいの過去の写真が保存されているでしょうか。マメに整理している人は、あまり枚数がないかもしれませんが、多くの人は、整理されていない写真が大量に閲覧できる状態なのではないでしょうか。私も自分のスマホを開いてみたところ、六千枚以上の写真が保存されていました。自分のズボラさ加減にも呆れたものですが、文明の利器に感謝するばかりです。

スマホを持っていない人は、ごめんなさい。ガラケーでもデジカメでもフィルムの写真でも構いません。ザッと振り返ってみて、「何だかわからないけど面白いなと思って撮った写真」を探してみましょう。

できれば撮影した当時、SNSでシェアしたような写真があるとベストです。自分がすすんでシェアした写真というのは、すでに立派な自己表現になっているはずだからです。その当時は「なぜそれを面白いと思ったのか」なんて考えることもなかったと思いますが、そこには無意識に自分の「面白さのツボ」が現れているはずなのです。


写真を撮るという行為は、手順だけで言えば最も簡単な表現の手段であると言えます。フィルムカメラしかなかった頃は、フィルム代と現像代がかかったので、そうバシバシと撮れるものではありませんでしたが、今ではその心配もなくなりました。人が一生のうちに撮る写真の枚数は、格段に増えたのではないでしょうか。

その分、一枚一枚の貴重さが薄れてしまって、撮り方や保存の仕方が少し雑になっているのかもしれません。しかし、昔のように記録や記念のためだけではなく、日常のほんの些細なことやくだらないことでも、とりあえず撮っておくということが可能になったのです。

みなさんは、どんなときにシャッターを切る（この言い方も古いのかもしれませんが）ことが多いでしょうか。おそらく、食べ物の写真を撮る人は多いでしょう。そもそも食べ物は、すぐに形がなくなってしまうような刹那的な存在だからこそ、その姿を写真に収めておきたくなるのです。

子どもがいる人は、必然的に子どもの写真が多くなるでしょう。子どももまた、あっという間に成長してしまうので、大事な瞬間を記録して残しておきたくなるものです。キレイな夕日や花などに出会ったときも、写真を撮りたくなります。これもまた、二度と出会えない貴重な瞬間を記録として残しておきたい、という気持ちからくるものでしょう。

しかし、「キレイだな」「かわいいな」という気持ちだけで撮ったような写真は、ここでは選ぶ必要はありません。それだけではなく、例えば子どもの変顔や変な寝相とか、ヘンテコな食べ物や、見たことのない奇妙な風景など、「面白い」と思える要素がある写真ならOKです。できれば、「くだらないもの」の方がわかりやすくて良いと思います。

ちなみに「インスタ映え」という言葉がありますが、これは当然「写真映え」という言葉をもじったものであり、主に「写真うつり」や「見た目」がいい写真のことを指します。前にも述べたとおり、「キレイ」や「かわいい」は「面白い」とは違うので、「インスタ映え」するからといって、必ずしも「面白い写真」であるとは限りません。

「面白い写真」というのは、見た目のかわいさや美しさにかかわらず、「なぜか興味を惹かれるものを撮った写真」ということです。

さて、面白い写真は見つかりそうでしょうか。ついつい昔の懐かしい写真に目を奪われてしまうかもしれませんが、探してみると、意外と面白い写真が少ないという人もいるかもしれません。ただ、できれば5枚くらいは見つけられるといいかと思います。

もしどうしても見つからなかった人は、できればこれからは、意識的に面白いと思ったものを写真に撮っておくクセをつけるようにするといいでしょう。どんなくだらないことでも、いつか何かの役に立つときが来るかもしれません。まさに面白いものは一期一会なのです。

ここでは例として、実際に私のスマホに入っていた過去の写真の中から、（自分的に）面白いと思うものを5枚、ピックアップしてみました。それぞれの写真について、「何が面白いのか」ということを詳しく「観察」してみましょう。

ここで、先ほど整理した「面白さの地図」が活きてきます。その面白さは「共感」なのか「差別」なのか、「笑える」ものなのか「趣がある」ものなのか……ということを考えることによって、自分の「面白さのツボ」が見えてくるのです。

あ

これは、私がよく行くおむすび屋さんの唐揚げの写真です。ある日、その形がたまたま「鳥」の形に見えたので、思わず写真に撮ったものです。何も考えずにパクッと食べなくてよかったです。

これは、気づいたら誰だって写真に撮って人に教えたくなる類のものではないでしょうか。偶然にしてはかなり似ていると思うのですが、よりによって唐揚げが鳥の形になっているなんて、とんでもない皮肉だなぁと感じた記憶があります。しかもよくよく考えると、鳥だけに、「皮肉」という言葉自体にも何だか皮肉を感じます。

この面白さは「皮肉」から来ているものですから、「面白さの地図」の中でいうと、先述の通り「笑える系」に属すると考えられます。また、「雲の形を何かに見立てる」というような遊びにも似ているので、「共感」やその中の「連想」の要素も含まれていると考えられます。

い

「手足と梅でオマケ!!」と読めますが、これは何でしょうか。実はこれは、我が家の年賀状用の素材を作っていたときの写真です。「あけましておめでとう!!」の各文字を、たまたまバラバラに並べてみたら面白かったので、子どもと一緒に何となく文章になるように並べかえて遊んでいたのです。こういう遊びは、子どもとの遊びの中で偶然生まれることが多いものです。

このときは、他にも「おうしとあめでまけて!!」とか「しめてあとでうまおけ!!」など、色々な言葉を作って遊んでいました。これは、偶然できた「変な言葉」に対して面白みを感じているので、やや「差別系」の要素を含んでいると言えるでしょう。

ただ、このような遊び自体は誰もがよくやることでもあるので、矛盾するようですが「共感」にも少し属しているかもしれません。「笑える」か「趣がある」かで言うなら、「趣がある」の中の「じわじわくる」に相当するのではないでしょうか。

う

こちらも季節ものなのですが、節分の日に家に帰ったらテーブルの上にポツンと置いてあったものです。モノクロだとわかりにくいですが、メガネのレンズの部分がオニの顔のようになっており、半分が赤、もう半分が青になっています。あとから聞いたら、当時7歳の息子が「LaQ」というブロックを使って作ったものでした。本人曰く「なんとなくオニとサングラスをくっつけてみた」だそうです。普通はこのブロックを使って、乗り物やロボットなどの形を作って遊ぶものなのですが、我が子ながら、子どもの発想にはいつも驚かされます。ちなみに、実際に顔に装着することも可能です。

これもやはり、「じわじわくる」感じがするので「趣がある」に当てはまりますが、「笑える」要素も少し入っている気がします。「共感」か「差別」かで考えると難しいところですが、かなりヘンテコなものではあるので、どちらかというと「差別」に当てはまるのかもしれません。

え

こちらは、鳥好きの娘（当時10歳）が内緒でトイレに仕込んでいたイタズラのようなものです。以前どこかのトイレで、トイレットペーパーが三角に折られているのを見て「鳥のクチバシ」を連想したらしく、家のトイレでやってみたそうなのです。

目とほっぺたを付けたことで、見た目がかわいいというだけでなく、別の機能も付加されています。トイレットペーパーをちぎったままでは鳥の顔にならないので、次に使った人もついつい三角折り（＝クチバシ）にしたくなるのです。これまた親バカのようですが、行動を喚起する素晴らしいデザインだなぁと、我が子ながら感心させられました（三角折りは不衛生という話もありますが、あしからず）。

これは、「面白さの地図」の中ではどのあたりに属するかと考えると、一番は「よくできてる」系のものだと考えられるので、「趣がある」の中に入ります。また、「三角折り」は「あるある」でもあるので、「共感」の要素も含まれています。

お

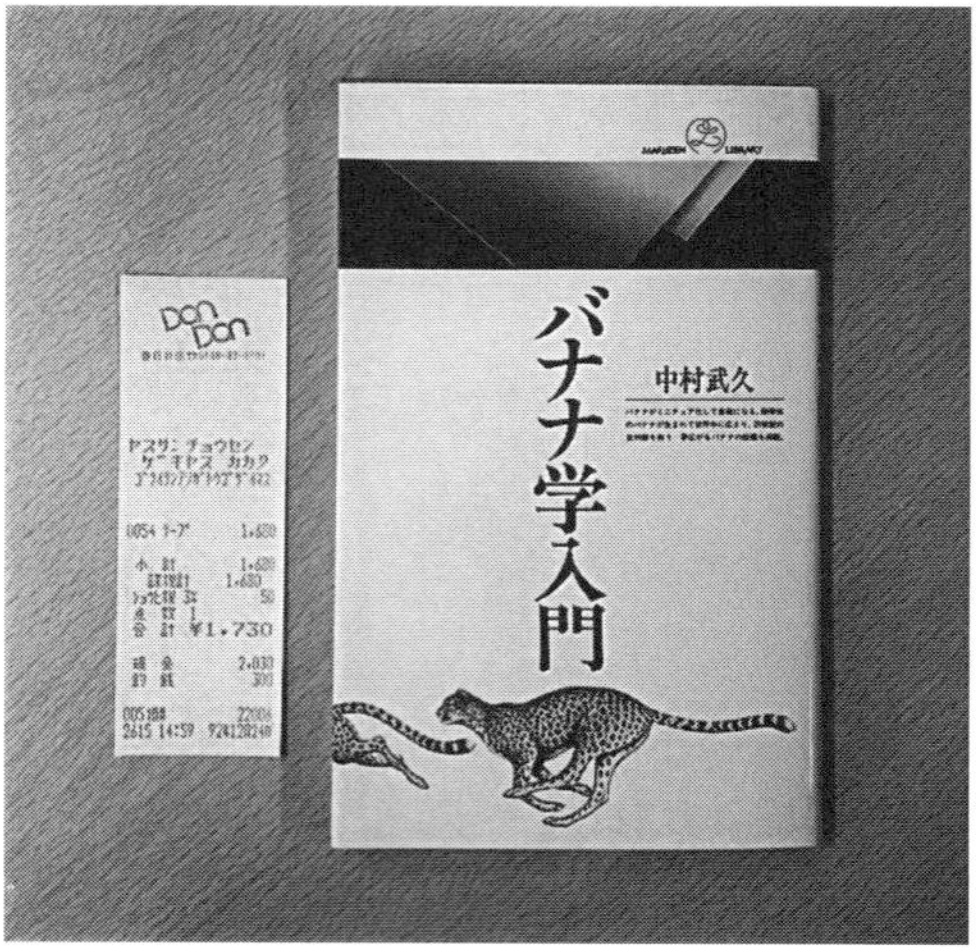

これは、以前なぜかバナナのことを調べようと思って、Amazonで『バナナ学入門』という中古の本を注文したところ、前の人がしおりにしていたと思われるレシートが本の間に挟まっていたので、思わず写真に収めたものです。

小さくてわかりづらいと思いますが、よく見てみると、電話番号から察するに名古屋のお店のレシートで、購入した日付がなんと「92年12月24日」と記入されていたのです。そして、購入した商品は「テープ 1680円」となっています。

クリスマスイブの日に買ったものがテープ……ということは、それは飾り付けのためのテープだったのでしょうか。もしくは意中の彼女のために、これからオリジナルテープを作るつもりで買ったカセットテープなのか……。それにしては値段がちょっと高いから、3本セットかな……などと、これだけの情報から色々なストーリーを想像することができる所が、面白さのポイントです。当時の消費税が3%という所も、じわじわ来ます。

これは意図しない偶然の出会い、セレンディピティのようなものです。「面白さの地図」に当てはめるなら、やはり「じわじわくる」ので「趣がある」系統のものでしょう。「共感」か「差別」かという点では、どちらかというと「共感」に近いものだと考えられます。

さて、どうでしょうか。これが「面白さの観察」です。みなさんもぜひ同じように、自分のスマホから見つけた過去の写真について、それがなぜ面白いと感じたのか、よく観察して分析してみてください。この観察と分析によって、きっと自分の「面白さのツボ」が何となく見えてくるはずです。

私の場合は、全体的には「趣がある」系統のものに惹かれているような気がします。自分でも何となく気づいてはいたことですが、これによって、その中でもどういう面白さに惹かれるのかという傾向が、少し見えてきた気がします。

これらの例は、もちろん私が個人的に面白いと思ったものを挙げているだけなので、人によっては面白いと感じられないかもしれませんし、面白さの度合いも人によって異なるかと思います。ただ、このくらいのことであれば、誰でも身のまわりに見つけられるでしょうし、写真に撮るくらいであれば、難しいことではないと感じられたのではないでしょうか。

面白さのタネは、このくらいのことでいいのです。意外と、何でもない日常の中に潜んでいたりするものです。しかし何でもないことでも、それがキッカケとなって、次に自分が何かを表現するときのヒントになる可能性があります。だからこそ、こうした小さなことを見逃さないように、日々の「観察力」を鍛えておくことが重要になってくるのです。

さて、ここでやってみた「面白さの観察」は、主に自分の「面白さのツボ」を見つけるための練習でした。しかし実は、この「観察する」ということは、これから紹介する『「面白い！」のつくり方』の一つのステップでもあるのです。

ここでまず体験して頂きたかったことは、「面白いものに出会ったときにそれをストックしておけば、次に活かすことができる」ということです。この「次に活かすための具体的な方法」については、このあと順序立てて説明していきます。

これからは、普段から意識的に面白いものに目を向けて、面白いものに出会ったときにはそれを採集してよく観察し、自分が表現するときのためのストックとして保存しておくということを、オススメします。

次章からは、実際に面白い表現をするためにはどのようにすればよいのか、その一連のプロセスを紹介していきたいと思います。

第4章

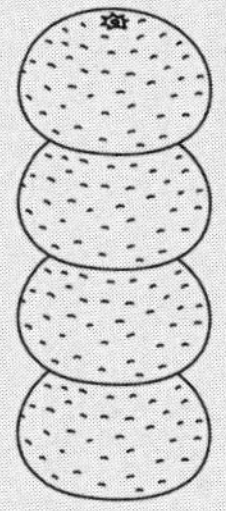

「面白い！」のつくり方

面白い表現をするためのステップ

おいしい料理を作ろうと思ったら、まずはメニューを考えたり、レシピを調べたり、いい素材を揃えたりしなければいけません。

スポーツで良い結果を出そうと思ったら、何の準備もなく試合に臨むわけにはいきません。まずは普段の練習が必須であり、それ以前に準備運動が必要であり、さらに遡れば普段のコンディション作りから必要になります。

どんなことでも、物事には然るべき手順というものが必要なのです。これは、「面白い表現」も同じです。では、「面白い表現」に必要な手順とは、どんなものでしょうか。

「面白い表現」ということに限らず、何かを表現する際には「インプット」と「アウトプット」という段階が必要になります。人間は、自分が過去に経験したことや、それまでに得た知識や情報などをつむぎ合わせることでしか、新しいものを生み出すことはできないからです。つまり、無から有を生み出すことはできないのです。

アイデア発想のメソッドとして有名な『アイデアのつくり方』の中で、著者のジェームス・W・ヤング氏はこう言っています。

「アイデアとは既存の要素の新しい組み合わせ以外の何ものでもない」

この本の原著が書かれたのは1940年ですが、この考え方は、今でもアイデア発想の定説として不動のものとなっています。この言葉からもわかるように、「インプット」なき「アウトプット」は、存在しないのです。

しかし、普段から意識してインプットしていない人がいきなり「インプットしよう」と思っても、なかなか簡単にできるものではないでしょう。とにかくインプットしようと躍起になったところで、闇雲に取り組むのは効率的ではありません。

いいインプットをするためには、そのための準備が必要なのです。この準備を意識して行うかどうかで、インプットの効果・効率は大きく変わってきます。

そんなことを踏まえながら、面白い表現をするために必要なプロセスというものを、私なりに考えてみました。インプットの準備段階から考えて、次の5つのステップに分けられます。

①「余裕」を持つ
②「よそ見」をする
③「観察」する
④「法則化」する
⑤「表現」する

何ということもないプロセスのようにも思えますが、メソッドというものは、できるだけシンプルに、実生活で応用できるものでないと意味がありません。世の中の多くの方法論は、より実践的な「手法」を提示しているものがほとんどです。しかし、「手法」ももちろん大事なのですが、まずはそのための「心構え」から入らないことには、実践にたどり着くことすらできないのではないかと、私は考えています。

④の「法則化」以降は、面白い表現のための重要なステップになりますので、次の章でページを割いて説明したいと思います。まずは、その前段階となる3つのステップについて説明していきたいと思います。

「余裕」を持つ

以前、人生には歯車の噛み合わせのように「遊び」が必要である、ということを述べました。日常の何でもないような「遊び」の中にこそ、「面白さ」のヒントがあるものです。このことは、先ほど例として挙げたスマホの写真を見ても明らかです。ここでいう「遊び」は、今の世の中で優先されている「効率」というものと、最も縁遠いところに存在しています。

「効率」ばかりを追い求めて生活していると、たしかに最短距離でゴールにたどり着けるかもしれません。しかしそれでは、たまたま道端に魅力的な花が生えていたとしても、それに気づかずに素通りしてしまうかもしれないのです。道草ばかり食っていてはいけませんが、少しは周りを見渡す「余裕」を持つことが、何よりも大切なのです。

例えば、朝学校や会社に行くとき、遅刻ギリギリで焦っていると、細かいことに気づくような「余裕」はないでしょう。昼食をとるときも、順番待ちの列に並んでイライラしたり、時間がないからといって急いで食べてしまったりしていると、ランチを楽しむ「余裕」はありません。夜は夜で、せっかく家に帰っても、ボーッとゲームをしていたり、そのまま寝落ちしてしまったりしていないでしょうか。

私も偉そうに言えないようなことばかりなのですが、「面白がる」ということは、少しの「余裕」がないとできないことなのです。やはり、毎日忙しすぎるのも考えものです。むしろ、暇なときほど、例えば天井のシミが人の顔に見えたり、みかんのヘタを取って中身の数を数えてみたりしてしまうものです。

でも、そうした小さなことの中にある面白いことに気づけるかどうかが、そもそも大事なのです。前にも書きましたが、「面白いこと」は、「衣食住」のように人間の生活や生存にとって、必ずしも必要なことではありません。しかし、本当に必要なことだけをやっているのでは、それこそ人生は面白くないのです。

中国の古い言葉に「三上」というものがあるそうです。これは、欧陽脩《おうようしゅう》という人が、文章を書くときに良い考えが浮かぶシチュエーションとして、「馬上《ばじょう》」「枕上《ちんじょう》」「厠上《しじょう》」の三つを指して言った言葉だそうです。

「馬上」はいうまでもなく馬の上、すなわち「移動中」のことです。「枕上」は枕の上ということですから、「夜寝る前や朝目が覚めた後」のことだと考えられます。「厠上」の「厠」は「トイレ」のことですから、だいたい想像がつくでしょう。

たしかに、私も通勤中の電車内にいるときや、眠る前や目覚めた後に布団の中でゴロゴロしているとき、あとはトイレに入っているときなどに、アイデアが湧いてくることが多いです。どのシチュエーションも、生活の中でも特にリラックスした状態、つまり「余裕」のある時間だということがわかります。これがはるか昔から変わっていないということは、非常に興味深い話です。

みなさんは、日頃十分な「余裕」を持って生活できているでしょうか？　特に現代は、生活の中のスキマ時間というものが、どんどん失われています。いちばんの原因は、いうまでもなくスマホでしょう。ちょっとでも時間があれば、ついついスマホを開いてしまいがちです。

1日のうちで「何もしていない時間」というのがどれくらいあるか振り返ってみると、かなり少ないのではないでしょうか。ただ、一度便利な生活に慣れてしまうと、人間なかなか戻れないものです。これはもう仕方がないのかもしれません。当然、スマホを開いている時間というのも「余裕」がないとできないのですが、それによってまた「余裕」が失われているのです。とかく現代の生活は、「余裕」が不足していると考えられます。

ところで、六本木の青山ブックセンター跡地に「文喫」という本屋があります。ここが変わっているのは、本屋なのに1500円の入場料がかかるというところです。実際に利用してみると、これがなかなか面白い体験なのです。

最初は1500円という金額に対して「ちょっと高いなぁ」と感じたのですが、お金を払っているという自覚がある分、堂々とゆっくりすることができるのです。数時間、集中して本を読んだりしていると、ちょっとした「書斎」のように感じられます。この新しい書店は、ゆったりとした「余裕」を持ってたくさんの本と触れ合うことで、未知との新たな出会いを得られる空間になっているのです。

こうしたサービスは、たしかに今の時代性に合っているような気がします。お金を払って時間を買う、もっと言えば、お金を払って「余裕」を買っているのです。たしかに落ち着いた時間を得ることで、気分もリフレッシュしますし、集中力も高まります。

やはり現代は、スキマ時間すらもどんどん失われて、最も貴重なのはお金ではなく「時間」であるという時代に突入しているのではないでしょうか。お金は頑張れば増やすことができますが、時間はそういきません。
忙しい現代の生活の中で、少しでも「余裕」を持つにはどうしたらいいのでしょうか。ここでは、最近私がやっている方法をいくつか紹介したいと思います。

まず一つ目は「ゆっくり歩く」という方法です。方法というほどでもないような、実に簡単なことです。私は特にせっかちなので、無意識に生活していると、ついつい早歩きになってしまいます。そんなとき、それこそ時間に少し余裕があるときじゃないとできないのですが、今までこんなスピードで歩いたことないというくらい、ゆっくりと歩くのです。もちろん、周りの人の迷惑にならないように気をつけながら歩きます。

実際にやってみると、本当にいつも見ている風景が別物に見えて、毎日通過している道なのに「こんなものがあったのか」という発見がたくさんあります。まさに、世界の見方を変えるための、一番簡単な方法なのです。よく「いつもと違う道を歩いてみる」という方法が聞かれますが、それと似たようなことです。ただ、他の道に行ってしまうよりは、いつもの道をゆっくり歩く方が簡単で、時間もかからずにできるはずです。

また、「新しいルーティンを作る」というのも一つの方法です。一見、逆にスキマ時間が減ってしまうのではないかとも思えますが、考え方によっては「強引に余裕を作る」行為であるとも言えます。一般的にルーティンを作ることのメリットは、精神を落ち着けたり集中力を高めたりできることだと言われています。そして「習慣化」することによって「あれをやらなきゃ！」という義務感から解放されるという効果も期待できるのです。

たしかに、毎日のルーティンに慣れてくると、ほとんど何も考えずにそれをできるようになります。この状態は、まさに頭の中に自然と「余裕」が生まれる時間です。

私が最近やっているルーティンは、朝の「けん玉」です。子どもの遊びとバカにすることなかれ。けん玉は意外と体を使いますし、反射神経と集中力が必要になるので、やっているうちにどんどん頭が覚醒していくのです。一見ただ遊んでいるだけのようにも見えますが、実は「手先」と「目」と「脳」を使った、れっきとした運動なのです。無心にやっている間に、新しいアイデアを思いついたりもします。

それからもうひとつ、少々説教じみた話になってしまうのですが、「歩きスマホをやめる」ということも、心からオススメしたい方法のひとつです。先ほどの漫画でも題材として描いていましたが、歩きスマホなんて何一ついいことはありません。

やっている本人は無駄な時間を有効に使っているつもりなのかもしれませんが、歩きながらスマホでできることなんて、たかがしれています。実際、街中でよく見かけるのは、ゲームだったり、チャットだったりすることがほとんどです。大抵はスマホに時間を奪われている状態、すなわち「余裕」がない状態なのです。

街中を見渡してみると、多くの人がスマホを見たりして、自分の目線より下を見て歩いている人が多いことに気がつきます。目線を下に向けてしまうと、路面しか見えず、まわりに広がる世界に目が行きません。自然と姿勢も悪くなります。ときには余裕を持って、目線を少し上げて歩いてみると、気分的にも前向きに生きられるのではないでしょうか。

普通に考えれば「余裕」の敵は「焦り」なのですが、実は最大の敵は「暇つぶし」であるとも言えます。そもそも、少し空いた時間を「暇」と捉えること自体が、ネガティブな発想なのかもしれません。それを「余裕」と見ることができるかどうかで、同じ時間でもその価値が大きく変わってきます。歩きスマホをやめるということは、現代の生活においては最も手っ取り早く「余裕」を取り戻すことのできる方法なのです。

もちろん、これらの方法は私の生活に合ったやり方なので、みなさんもそれぞれ自分に合った「いつもと違うことをやってみる」というものを、何か見つけてみてください。それは例えば「とにかくゆっくり食べる」とか「普段聴かないスローな音楽を聴いてみる」とか「電車で絶対に座らない」とか「瞑想する」とか、さらには「ボーッとする」とかでもいいでしょう。

むしろ「何もしない」ということですら、現代では贅沢な「遊び」とも言えるのかもしれません。そもそもあえて時間をとって何かをやってみよう、もしくは何もやらないでいてみよう、などと意識すること自体が「余裕」がいることなのです。

「余裕」を持つということは、普段の生活の中にちょっとした「遊び」を設ける、ということでもあります。「面白さの地図」を思い出してみてください。「共感」も「差別」も「笑える」も「趣がある」も、それらの中で例として挙げたものもすべて、それがなくても何とか生きていけるものばかりです。人生の「余裕」の中にあるものと言っても過言ではありません。

しかし、前述のように適度な「遊び」がないと、人生はギチギチとした歯車のようになってしまいます。それでも何とか強引に歯車を回すことはできるかもしれませんが、当然、余計に負荷がかかります。この負荷こそが「ストレス」なのではないでしょうか。

何かを表現するために「インプットしなきゃ、インプットしなきゃ……」とばかり考えて、とりあえず本を読み漁ってみるとか、興味もない映画でも強引に見てみるとか、それでも多少は身につくかもしれませんが、あまり効果的であるとは言えません。むしろ、そのせいでさらに「余裕」がなくなって、よけいにギチギチの歯車生活になってしまっては、元も子もありません。

面白いアイデアが出ないときだって、そうです。アイデアが出ないからと言って、無理して根を詰めたところで、余計にどんどん「余裕」がなくなるだけの悪循環です。そんなときはいったんその場を離れて、ちょっと別のものを「よそ見」するくらいの「余裕」があった方が気分もリフレッシュできますし、新しい視点も見つかるというものです。

いいアイデアを発想するためにも、いい「インプット」をするためにも、すべては「余裕」があってこそ可能になるのです。意外とそのことに気づかずに、焦って目先の方法論や正解を追い求めることばかりに囚われてしまっていないでしょうか。

「よそ見」をする

毎日を面白がるためには、まず「余裕」が必要なことはわかりましたが、それだけでは何も始まりません。「余裕」ができたら、今度は普段と少し違う視点を持つことが大切です。そのための「よそ見」なのです。

もちろん、キョロキョロと無為に「よそ見」をしているだけでは、まったく意味がありません。子どもの頃、「よそ見ばっかりするんじゃない！」などと怒られた経験は誰にでもあるかと思います。ここでいう「よそ見」とは、ボーッと外を眺めるようなことではありません。有り体に言えば「視野を広げる」ということです。

歩きスマホをやめましょう、という話を先ほどしましたが、現代では、いつでも何らかの情報に視界を奪われている状態がほとんどです。移動中はスマホばかり見て、仕事中はＰＣの画面に釘付けになり、家に帰ればテレビばかり見ていたりします。もちろん、それが本でも雑誌でも新聞でも一緒です。せっかくこんなに広い世界が目の前にあるのに、小さな四角い枠の中ばかり見ていては、想像力だって広がるわけがありません。

もちろんPCやスマホの中でも、Webを通じて「よそ見」をすることはできます。ただ、小さな画面で見ることのできる情報量と、自分の周り全体に広がる世界に見える情報量とでは、どちらの方が多いでしょうか。いま目の前にPCやスマホがあったら、パッと周りを見て、比べてみてください。答えは一目瞭然です。

これまでにも「未知」に関する話の中で何度か触れてきましたが、ここで必要になるのは何よりもまず「好奇心」です。自分がまったく興味のないことに「よそ見」をしても、あまり効果は期待できません。まずは、自分が興味を惹かれるものに素直に「よそ見」をするのがいいでしょう。

「好奇心」は脳を活性化させ、何歳になっても脳を成長させるそうです（＊https://cs.sonylife.co.jp/lpv/pcms/sca/ct/special/topic/index1708.html）。ただ漫然と「よそ見」をするのではなく、「よそ見」をしたらまず自分の「好奇心」に従って、「面白い」と思うものを探しましょう。

子どもは好奇心の塊である、とよく言われます。それは、子どもにとっては大人よりもはるかに「未知」のものが多いからです。あえて「よそ見」なんてする必要もないくらい、目の前に未知の面白いものが、いくらでも転がっているのです。そして、子どもは大人よりもずっと時間的な「余裕」があります。たっぷりの「余裕」と純粋な「好奇心」をたくさん持っているからこそ、子どもの発想はいつでもぶっ飛んでいて面白いのです。

だから、子どもの内からあれこれ詰め込んで忙しくしてしまうと、せっかくの「余裕」が失われてしまって良くないのです。また逆に考えれば、大人だって子どもの頃のように「余裕」と「好奇心」さえ取り戻せれば、自然と面白い発想がポンポン出てくるようになるかもしれません。

しかし大人になると、なまじ知識が豊富なだけに、余計な「常識」や「バイアス」が邪魔をして、なかなかそうはいきません。だからこそ、少し強制的に視野を広げるための「よそ見」が必要なのです。

「よそ見」をするということは、一般的にはあまりいい意味で使われませんが、狭くなった視野から目を逸らすためには、有効な方法なのではないかと考えています。目の前にある「直近の課題」や自分の「専門分野」などの狭い視野に囚われてしまうと、なかなか面白いことなど考えることはできません。

例えば本屋に行ったとき、自分の興味のある分野以外の本に目を向けることも、「よそ見」のひとつです。これはリアル店舗の利点であり、Amazonなどのネットサイト上では味わえない感覚です。

また、誰もがよく使う「検索サイト」でも、同じようなことが言えます。検索の利便性だけで言えばGoogleが便利ですが、Yahoo!などのポータルサイトには、本屋の店頭のような「情報の一覧性」があります。そこでもあえて「よそ見」をすることで、自分の興味とは別のジャンルに目を向けることができます。一見、自分とは関係のなさそうな情報とのセレンディピティ（＝偶然の出会い）が期待できるのです。

自分の専門分野や得意分野に関しては、知識があって当たり前です。そして、そこに関する情報収集もまた、やって当たり前です。例えば自分がデザイナーなら、デザインに関する知識や新しい情報についてインプットするのは、そもそも基本としてやっておくべきことです。

それを当然のこととしてやった上で、自分に関係のない分野や自分の知らない領域についても、「好奇心」を持って「よそ見」をするということが、より良い「インプット」につながるのです。

私はアイデアに煮詰まったときや資料探しをするときは、本屋か無印良品のお店に行くことが多いです。無印良品の中でも大きめの店舗に行くと、生活のあらゆるジャンルのものを一覧することができるからです。

食品や衣料品、文房具や化粧品、旅行用品、家電製品、家具などの他、家そのものまであります。そして、デザインがどれもシンプルでプレーンなため、見た目のバイアスにごまかされずに、フラットに「よそ見」をすることができるのです。もちろん、気に入ったものがあればその場で購入することもできます。

しかし、どれだけ意識的に色々なものを「よそ見」しても、なかなか面白いものを見つけられない、という人もいるかと思います。そんな人のために、手っ取り早い方法がありますなんてこともない方法なのですが、Twitterで「#面白い」と検索すればいいだけです。通常の検索と違って、リアルタイムに「世の中の人たちはいま何を面白いと思っているのか」を可視化することができます。

色々なツイートを見ながら、それはどういう面白さなのかということを考えてみると、きっと意外な発見もあるはずです。自分とは違ったものの見方、面白さの感じ方を覗き見ることができる一つの方法です。こうしたことも、ある意味では「よそ見」の一種なのです。もちろん、中には全然面白くないもの、怪しげなものなどもたくさんありますが。

毎日同じような生活パターンを繰り返していると、身のまわりのちょっとした変化にも気づかないことがあります。当然それでは、新しく面白いことを考えるなんて、できるはずもありません。ちょっとだけでも普段と違った視点を持ってみると、世界の見方が大きく変わることもあるのです。

「観察」する

面白い表現をするための3つめのステップは、「観察」です。これは、前章でやった「面白さの観察」と同じようなことです。まず「余裕」を持って、自分の好奇心に従って「よそ見」をします。そこで発見した「面白いもの」について、「これは何が面白いのか」「どういう種類の面白さなのか」ということを、つぶさに「観察」するということです。

「観察」とは、その名の通り「物事を客観的によく見ること」です。植物や昆虫の観察のように、視覚的に見ることはもちろんですが、ここでの「観察」に必要なことは、物事の「本質」をよく見極めるということです。面白さに関していうならば、「面白さの本質」ということになります。これは一見難しそうですが、どのようにすればできるのでしょうか。

みなさんは、美術の授業でデッサンについて習ったことがあるでしょうか。デッサンというのは、絵画の最も基本となるものですが、物を観察することの基本でもあるのです。そしてデッサンは、物事の本質を見極めることの大切さを教えてくれます。

デッサンのコツは、まず「モチーフをよく観ること」です。モチーフの形や質感、それによってできる陰影などを、よく観察するのです。このとき、ただ観るだけではなく、手で触ってみたり、ときには匂いを嗅いでみたりすることもあります。

次に、モチーフ全体のザックリとした形をとることから描き始めます。ここで、いきなり細かい部分から描き始めてはいけません。そうしてしまうと、全体の形が歪んでしまうことが多いのです。「まず全体を観てから、ディテールを観る」のです。これこそが、観察の基本です。木を見て森を見ないのでは、全体像をつかめないからです。

そして、全体の形をとる上で、見方のコツがあります。私が習ったのは、「絵を逆さまにして観る」「絵を遠ざけて観る」「目を細めて観る」という3つの方法です。この3つのどれもが、自分の描いた絵を「客観的に観る」ための方法です。そうした上で最終的にモチーフの細部に目を凝らし、徐々に絵の解像度を上げて仕上げていくのです。

こうして様々な方法を通して物をよく観察することで、その物の本質が見えてきます。「なぜこんな形をしているのか」「何のためにこんな質感になっているのか」といったことを、観察を通して理解することができるのです。

見たままの姿を写し取るためには、そのものの本質をできるだけ正確に捉えて、いったん頭の中にインプットする必要があります。それを今度は「手を動かす」という肉体的な運動に変換してアウトプットするのが、「絵を描く」という行為なのです。そう考えると、いかにインプットが大切であるかということがわかります。もしかすると絵が苦手な人は、このインプットがちゃんとできていないのかもしれません。

何かを見て「あ、面白いな」と思ったときには、見る角度や距離を変えて客観的に全体像を見てみたり、実際に手で触ってみたりすると「面白さの本質」もきっと見えてくるはずです。

そしてまた、自分でアウトプットしたものをもう一度よく観察することも大事です。絵の場合だったら、どこの形が歪んでいるのか、どこが上手に描けたか、といったことなどを客観的に把握することで、次にまた絵を描くときに活かすことができます。世の中に完璧なアウトプットなどないのです。

つまりアウトプットは、最高のインプットでもあるのです。これは当然、面白い表現についても同じことが言えます。

また、「インプット」という意味では、ここでの「観察」は「学習」に似ています。「面白いもの」をよく観ることで「学習」し、自分の糧にするということです。そう聞いてしまうと、とたんに苦手意識が頭をもたげてくるのではないでしょうか。その原因は、過去に学校で経験した、いわゆる「勉強」に対する、ある種のトラウマなのかもしれません。

学校教育を否定するものではありませんが、学校での「勉強」が面白くないと感じるのは、自分が元々「好奇心」や「興味」を持っていないことに対しても、一律に学ばなければならない、という点にあります。まさに単なる「入力」としての強引な「インプット」です。これは、「観察」についても同じことが言えます。

自分の中に「好奇心」や「興味」があって初めて、効果的な「観察」ができるのです。

前にも述べたように、「好奇心」や「興味」こそが、「面白い」の源泉でもあるのです。

「マイケル・ムーアの世界侵略のススメ」という映画をご覧になったことはあるでしょうか。タイトルの印象とは裏腹に、世界の実情について、とても学びの多いドキュメンタリー映画です。詳しくは実際に映画を見て頂きたいのですが、中でもフィンランドの教育について取材したパートが、とても印象的です。

簡単にいうと、フィンランドでは統一学力テストを廃止し、授業時間も減らすことで、学力が世界でもトップレベルにまで伸びたというのです。そこに登場する数学教師が「テストで点を取る訓練は教育ではない」と明言しています。そして、普段から宿題もなく、学校が終わった後の時間を有効に使えるようにしているそうです。子どもたちの好きなことや自主性を尊重すると同時に、子どもには「遊び」が必要であるということも、ハッキリと述べられているのです。

「学習」にも「余裕」、すなわち「遊び」が必要なのです。むしろ、「学習」は「好奇心」に基づく「遊び」そのものであると考えた方が、人生も楽しくなるのではないでしょうか。「遊び」と「学習」は渾然一体でもあるのです。

特に「面白さ」という観点で言うならば、「遊び」の中にこそ「学び」があり、「学び」の中にもまた「遊び」が必要なのです。言うまでもなく、これは「観察」についても同様です。好奇心の赴くままに、「余裕」を持って「面白さの本質」をよく観ることが大切なのです。

この観察のステップでは、「面白さの観察」でやったように、「共感」↕「差別」、「笑える」↕「趣がある」という4つの方向性が役に立つでしょう。自分が面白いと思うものが、どういう傾向にあるのかということを、改めてよく観察してみてください。それによって、「面白さの本質」も見極めることができるようになるはずです。

そして、自然観察や昆虫観察などと同様に、観察した「面白さ」を「採集」しておくことも大切です。面白いものを見つけたら、写真に撮ったりメモに残したりすることで、本当の意味での「インプット」が完成するのです。何らかの形で記録しておけば、あとからもう一度「観察」することも可能になります。よりよい「観察」のために、常に面白いものを「採集」するクセをつけておきましょう。

さて、ここまでで、

①「余裕」を持つ
②「よそ見」をする
③「観察」する

という3つのステップについて解説してきました。次の章では、いよいよ面白い表現に直接つながる「法則化」と「表現」というステップについて、考えていきたいと思います。

第5章

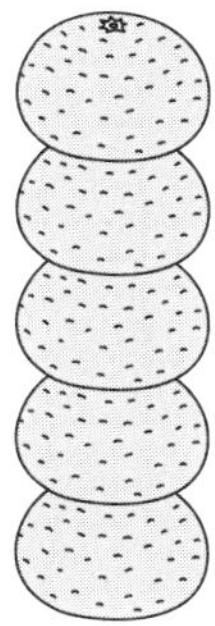

「面白さの法則」を見つけよう

自分が見つけた「面白さ」を「言語化」する

さあ、いよいよ「面白い表現」のための最終段階に差しかかりました。「面白いもの」をよく「観察」したら、今度はそれを表現に応用できるように「変換」することが必要になります。この「変換」の有効な手段として考えられるのが「言語化」です。

ここでいう「言語化」とは、「インプットしたことをアウトプットしやすいように言葉に変換しておく作業」です。もちろん、ある程度の経験を積んでインプットに対する「慣れ」や「コツ」を体得してしまえば、そんなことをいちいち考える必要はなくなります。しかし、面白いことをインプットするのにまだ慣れていない間は、自分の中でハッキリと言葉に変換しておくことをオススメします。

以前に「表現」はコミュニケーションそのものであるという話をしました。文学も音楽も絵画も、「表現」の先には必ずそれを見る相手がいます。表情や会話なども同様です。コミュニケーションである以上、「面白さ」を表現するためには、「どうすれば面白さが伝わるのか」を自分の中で明確にしておく必要があります。

そのために必要なことが、自分の中でキチンと「言語化」しておく、ということなのです。ここからは「言語化」の重要性について、考えてみましょう。


これは「デザイナーあるある」なのですが、デザイナーは絵で伝えることを専門にしているので、往々にして「ビジュアルだけで十分伝わるだろう」と思ってしまいがちです。

例えばプレゼンテーションの場で、「これが今カッコいいんですよ」とか「そんなに文字が大きいのってダサくないですか?」などと説明しても、相手はなかなか承服することができないでしょう。そのような説明は、ただの抽象的なニュアンス・トークであって、何の説得力もありません。いくらキレイなデザインであっても、うまく言語化できないことには、相手にその魅力をうまく伝えることはできないのです。

なぜなら、多くの人が頭の中では基本的に「言葉」でものを考えているからです。私の知る限り、優秀なデザイナーほど自分の伝えたいことをうまく「言語化」する技術に長けています。もちろん、その場での話術や表情などによっても説得力は変わってきますし、絵だけで伝えた方がいいという場合もあります。

デザイナーというのは「直感」や「センス」だけを頼りにものを作る特殊能力の持ち主

である、と考えている人も多いかもしれません。しかし、私個人の意見としては、それはちょっと違います。すべてにおいて理由のないデザインはない、と考えているからです。

そもそも私は、個人的には「センス」という言葉をあまり信用していません。何かといえば「最終的にはセンスの問題だよね」という意見で、大体のことが片付けられてしまうような、便利で曖昧な言葉だからです。特に、重要な決め事において「センス」という言葉で片付けてしまうのは、ちょっと危険です。

私が思うに「センス」というのは、ほとんどの場合において、ただの「判断力」です。様々な局面で、AかBかどちらがいいかの線引きをどこでするか、ということの繰り返しにすぎないのです。

例えば、何かポスターをデザインすることになったとします。そのとき、ビジュアルを写真にするかイラストにするか、メインのモチーフは人物にするか風景にするか、書体はゴシック体にするか明朝体にするかなど、基本的には「判断」の連続なのです。その「判断」を繰り返しながら、全体の「解像度」を上げていくということが、デザインという作業の基本です。

そのときの「判断」というものを、理性で判断しているのか、直感で判断しているのかということで考えると、少なくとも私は理性で判断しています。なぜなら、直感だと自分にも他人にも説明がつかないからです。これは当然、人によって考え方の異なるところだと思います。しかし、「センス」でものを作っているにしても、それをうまく「言語化」できない限りは、人に伝わりにくいものにしかならないでしょう。

私は、よく若いデザイナーに「本をたくさん読んだ方がいいよ」ということを言います。何だか年寄りの小言のようですが、キチンとした理由があります。オリエンテーション・シートなど世の中の多くの書類は、基本的に文字で構成されているからです。文章の内容を正しく読み取って、脳内で絵を描く「ビジュアル化」の能力こそが、デザイナーには必要なのです。

そのためには、何よりもまず「読解能力（＝リテラシー）」が必要になります。そもそも、デザイナーが絵の勉強をするのは当たり前です。絵画や写真だけでなく、映画も漫画も、たくさん見た方がいいと思います。しかし、最初から「絵」が示されている表現だと、そこには既に「ビジュアル化の答え」が描かれているのです。そういう意味では、表現の参考にはなりますが、自分で絵を描くための訓練としては、実はあまりふさわしくないのです。

逆に、例えば小説であれば、登場人物や風景などを自分の頭の中で想像しながら読むことができます。こうした経験が、デザイナーにとって基本となる「ビジュアル化」の訓練になるのです。「言語」を「ビジュアル」に変換する能力が向上すれば、逆もまたできるようになります。「読解能力」が上がれば、「ビジュアル化能力」が向上し、それによって「言語化能力」も向上するというわけです。

「右脳」と「左脳」の違いはよく言われるところではありますが、ビジュアルを司る「右脳」と言語を司る「左脳」を行ったり来たりすることができれば、表現者としては万能なはずです。本を読むのが苦手というデザイナーは多いと思いますが、デッサンを100枚描けば誰でもそれなりに絵が描けるようになるのと同じように、活字の本を100冊も読めば誰でもそれなりに言語脳を鍛えることができるはずです。

「言語化」は、もちろんデザイナーに限った話ではなく、表現を専門としていない人にとっても大切です。SNSやメールでのコミュニケーションでも、絵や写真だけでは当然うまく伝わるはずがありません。だからこそ、Instagramのような写真をメインにしたコミュニケーションであっても、コメントやハッシュタグなどの文字情報が重要なのです。

誰もがメールやSNSを使うようになった現代では、生活の中で書く文章の量が、昔に比べて圧倒的に増えています。そういう意味では、誰もが普段から「言語化」の訓練をしているようなものなのです。

「言語化」ができると、物事を体系的に捉え、整理する力も向上します。そうすると、自分で考えたことを「構文化」することもできるようになります。

私は最近、これまでに自分が作ったものを振り返ってみたときに、ある傾向があることに気がつきました。その傾向を改めて「言語化」し「構文化」してみたところ、何となくある「法則」のようなものが浮かび上がってきたのです。

前に紹介した「SAZAE RADIO」や「会社員将棋」を思い出してみてください。自分の中でも特に気にしていなかったのですが、これらに共通して言えることは、

「冗談みたいなことを本気で具現化した」

ということです。

「貝殻を耳に当てたらラジオが聞こえてくる」、「将棋の駒を会社員の役職に見立ててみ

る」といったことは、言ってみれば「冗談」のようなものです。こういったことを、ただの「冗談」で済ますのではなく、本当に目に見える形に「具現化」してしまうことで、（自分なりに）面白いと感じるものが作れたのではないか、という風に分析したのです。

そして、この「冗談みたいなことを本気で具現化する面白さ」という「言語化」した面白さを、そのまま自分の中で「法則化」しておけば、何か別の面白い表現を考えるときに応用できるのではないか、と考えました。「法則化」といっても、何も難しいことはありません。ただ言い方を変えるだけです。次はその方法について、考えていきましょう。

「法則化」する

私が自分の作ったものの傾向を「言語化」してみた結果、「冗談みたいなことを本気で具現化する面白さ」があることがわかりました（自分で言うのもなんですが）。これこそが、自分が知らず知らずの内に惹かれていた「面白さのツボ」の一つなのではないか、と今は考えています。

自分でも気づいていなかったこのツボがわかったことで、最近何かを考える際には「目の前にある課題を冗談で表すとしたらどうなるか」ということを、考えてみるようにしています。そして、いい冗談を思いついたら、今度はそれを本気で具現化したらどうなるか、ということを考えてみるのです。

もちろん、それがうまくハマるときもあれば、うまくハマらないときもあります。ただ、そもそも自分が好きな「面白さのツボ」から発想しているので、自分としてはすごく考えやすい方法になっていることは確かです。

このように、自分で分析した「面白さのツボ」を応用して、何か表現を考えるための一つの「法則」にすることができれば、新しい自分の武器になるはずです。この本では、これを「面白さの法則」と呼びたいと思います。この法則は極めて単純なものですが、これさえ覚えておけば無限に応用が可能な、一つの構文です。

表現のためのメソッドや法則がたくさんあれば、安心することはできるかもしれませんが、実際に何かを表現するときに、その場でパッと引き出せないのでは意味がありません。いちいち法則を思い出さなくても自然に発想することができるようになるまでは、これを活用してみてください。

その法則は、

「　Ａ　」を「　Ｂ　」すると面白くなる。

というものです。

これまでの過程で発見した「面白さのツボ」は「～する面白さ」という風に、体言止めにしていましたが、その文末の表現を少し変えただけです。

例）

「冗談みたいなこと」を「本気で具現化する」面白さ（＝面白さのツボ）

↓「冗談みたいなこと」を「本気で具現化する」と面白くなる（＝面白さの法則）

つまり、何か面白いものを発見したときや思いついたときに、それはどういう面白さなのかということを分析し、「　Ａ　」が「　Ｂ　」になっているから面白いのだな、という関係性を見つけ、それを法則に代入する、ということです。

別にどうということもない法則にも思えるかもしれません。しかし、このようにわかりやすく「言語化」して整理しておくことで、面白い表現を考える際のヒントとして、ストックしておくことができるのです。

この「法則」の肝心なところは、この「　Ａ　」と「　Ｂ　」を自分で導き出すことにあります。「　Ａ　」と「　Ｂ　」をブランクにしているのは、そのためです。ここに入る正解は、ぜひ自分に合ったものを探すようにしてください。学校のテストではないので、形だけの方法論を丸暗記しても意味がありませんし、正解は無限にあるのです。

例えば、私は昔、

「何でも巨大化すると面白くなる」

というシンプルな法則を、自分の中に持っていました。

たしかに過去に作ったものを見返してみると、巨大なものがよく登場していました。巨大な数字、巨大なハンバーガー、巨大な格闘技のリング、巨大な「！」マークなどなど……。

広告表現において「巨大なものが街に突然あらわれる」という設定は、インパクトや登場感を演出するのに有効で、大体のものを面白く表現できるのです。もちろん明確な意図があってやっているのですが、どうやら個人的に巨大なモチーフというのが好きなようです。

では、普段の生活の中で見つけた面白いものについて「法則化」するにはどうしたらよいでしょうか。

そこで、ここからは「面白さの観察」の中で例示した、私の過去の写真について、それぞれ「法則化」のスタディをしてみたいと思います。これを読んだらぜひ、自分の過去の写真についても、よく観察して、法則化する練習をしてみてください。

［写真あ］鳥の形に似た鳥の唐揚げ

まず、これはどうでしょう。単純に考えれば、「鳥の唐揚げ」が「鳥の形になっている」ということが、面白さの原因だということがわかります。とりあえず、それをそのまま法則に当てはめてみると、

「鳥の唐揚げ」が「鳥の形に似ている」と面白くなる。

となります。

ここでは接続詞が「を」ではなく「が」になっていますが、この辺は前後関係が自然な印象になるように、柔軟に変えてみてください。そのくらい、ゆるく考えた方が応用もきいて都合が良いのです。

これでも文章として何となく成立はしているのですが、このままでは、別の表現に応用するには、あまりにも限定的すぎます。こういう場合には、それぞれの要素を少し拡大解釈して、抽象化していくとよいと思います。

例えば……

「調理されたもの」が「素材そのものの形に似ている」と面白くなる。

こうしてみると、少し幅が広がったような気がします。法則化するときには、できるだけ具体的な言葉を避け、より広範囲に応用がきくように「抽象化」するのがコツです。ただこうなってくると、料理に限定しない方がさらに応用しやすくなりそうです。また、改めて唐揚げの面白さを振り返ってみると、単純に形が似ているだけではなく「皮肉になっていたこと」がより面白さを感じさせていました。ちょっと強引ですが、その要素も取り入れてみましょう。

「できあがったもの」が「その素材を想起させる」と（皮肉的な）面白さになる。

こうしてみると、さらに応用がきく法則になったように思えます。例えば、「環境保護」を訴えるポスターの制作依頼があったとしましょう。普通に考えれば、「伐採された森林の切り株」や、「汚染された海」などの絵が思い浮かぶのではないでしょうか。しかし、それではどうも面白くありません。おそらく、それは誰もが最初に思いつくような「予定調和」なビジュアルです。

そんなとき、先ほどの法則を思い出して、「折り紙でできた、伐採された大量の切り株」をビジュアルにしたりすると、少しウィットが効いた表現になるかもしれません。もしくは、「寿司ゲタの上に並んだ寿司のネタが、全部プラスチックでできているビジュアル」というのは、どうでしょう。これもかなり皮肉が効いて、強いビジュアルになりそうです。

皮肉的な表現というものは、往々にして「恐怖訴求」に応用しやすいので、環境広告や公共広告などにもよく使われる表現です。

もちろん、広告の企画以外にも応用は可能です。もしかしたら普段の生活の中でも、この法則に合致するものに出くわすかもしれません。例えば、テーブルクロスにコーヒーをこぼしてしまったとしましょう。そこにできたシミが、見方によってはコーヒー豆の形に見えたとしたら、これは間違いなくシャッターチャンスです。

もし、この法則を過去にインプットしていなかったら、シミが何かの形に見えるかどうかなんて、気にしないかもしれません。普段は気づかないようなことでも、過去にインプットした法則が目の前の事象とつながった瞬間、アイデアが閃く可能性があるのです。

［写真 い ］文字の順番が入れ替わった「あけましておめでとう」

これはどうでしょうか。鳥の唐揚げよりはモチーフが汎用的なので、簡単に法則化できそうです。こういう場合には、あまり難しく考えずにそのまま言語化してみましょう。

「文章の中の文字」を「順番を入れ替えてヘンテコな文章にする」と面白くなる。

これは、そのままクイズの問題などにも応用できそうです。「有名人の名前の文字順を入れ替えた文字列から元の名前を当てる」という問題が、実際に過去のクイズ番組でありました。もしくは、例えば街中で、看板の工事中に間違えて文字の順番が入れ替わってしまったような場面に遭遇したら、これもすかさずスマホで写真を撮っておいた方がいいかもしれません。

また、ちょっと違いますが、人間は「文章の中で最初の文字と最後の文字が合っていれば、間の文字が入れ替わっても認識できる」という研究結果があるそうです。

これはどういうことかというと、「あましけて　おとでめう！」という文章でも、なんとなく「あけまして　おめでとう！」と読めてしまうということです。バラバラに切り抜いた文字を並べて、どこまで「あけましておめでとう！」と読めるか試してみるのも面白いかもしれません。

［写真う］ブロックでできた鬼のサングラス

これに関してはモチーフが限定的すぎるので、できるだけ抽象化して考えた方が、応用がきく法則になりそうです。この写真の面白さは何だったのかということを、改めて振り返ってみましょう。

これは「鬼」と「サングラス」というまったく別のものが、強引に一つになっていた「意外性」が面白かったのではないかと考えられます。シンプルに次のような法則にしてみたら、どうでしょうか。

「意外なもの同士」を「強引に組み合わせる」と面白くなる。

まさにジェームス・W・ヤング氏が提唱した「アイデアとは既存の要素の新しい組み合わせ以外の何ものでもない」という言葉にも似た考え方です。しかし、ただ知識として定説を知っているだけよりも、実際に生活の中でこうしたものに出会ったという経験があることで、脳内に鮮明に刻まれるはずです。

さらに、その組み合わせが、誰も予想しないようなもの同士の組み合わせであるほど、ぶっ飛んだ表現が出来上がる、ということも覚えておくと良いかもしれません。アイデアに煮詰まったときには、一見関係なさそうなものを強引にくっつけてみると、何か新しい発見があるものです。

[写真え] トイレットペーパーの三角折りが鳥のクチバシになっている

これはどうでしょう。単純に「トイレットペーパーの三角折りをクチバシに例えた」という事実だけを抽出すると、

「ありふれたもの」を「似たものに見立てる」と面白くなる。

ということになります。しかし、これだけだとちょっと凡庸な気がします。このイタズラの本当に面白い所は、「次に使った人もついついクチバシ（三角折り）にしたくなる」という「行動を喚起するデザイン」になっている、という点にあったはずです。それも踏まえて、次のようにしてみるとどうでしょうか。

「手で触れる部分」を「何かに見立てる」と（行動を喚起するデザインになって）面白くなる。

ちょっとまどろっこしい文章ではありますが、こうしてみると、何か新しいプロダクトをデザインする際に、応用可能な法則になりそうです。また、考え方によっては日常生活にも応用できるかもしれません。

例えば「鮭のホイル焼き」を作ろうと思ったとします。そのとき、ただクシャクシャッと包むのではなく、アルミホイルを「がま口の財布」のような形にしておいたら、開けるときに楽しくなるかもしれません。

他にも、「アンケート用紙」を作ろうと思ったときに、チェック欄が普通の四角だとつまらないので、白いスニーカーのような形にしてみたらどうでしょう。NIKEのスウッシユ・マークを描くような感覚でチェックを入れられるので、少し面白くなるかもしれません。そんな日常生活の中のちょっとした「遊び心」が、物事を面白くするのです。

［写真お］古本に挟まっていたクリスマスイブのレシート

これは抽象化するのが難しそうですが、ここは素直に次のようにしてみるとどうでしょうか。

「たまたま出会った古い情報」から「当時のストーリーが想像できる」と面白くなる。

この法則は、もしかするとＴＶＣＭの企画や、小説や漫画などのプロットを考える際に応用できるかもしれません。普段の生活でも、これに似たようなことに遭遇することがあります。

赤瀬川原平氏が提唱した「超芸術トマソン」も、これに通ずるものがあります。「超芸術トマソン」とは、例えば街中で稀に見かける「壁に突き当たった無意味な階段」のように、「非実用的だけど明らかに誰かが作ったもの」のことです。少し余裕を持って路上観察をしてみると、意外と街のあちこちで見かけることができます。何でもないものでも、そこに人間の作為や過去の痕跡が感じられると、なぜか想像力を掻き立てられるのです。

いかがでしょうか。このように、自分で見つけた面白いものについて、それの「何がどう面白いのか」をよく観察して「法則化」しておくと、アウトプットするときのヒントになるのです。これは「法則化」することによって、「面白さ」の「原理」を抽出する作業です。原理を理解することができれば、あとは応用するだけです。

「法則化」というと、やや堅苦しい印象がありますが、これも余裕のあるときに気軽に考えてみるのがいいでしょう。あくまでも自分が見つけたものから考える、自分のための法則です。「抽象化」したり「言語化」したりする作業も、自分に都合のいいように解釈してしまって問題ありません。自分なりに面白いと思うものを、どんどん「法則化」してみましょう。

ここまでで、

①「余裕」を持つ

②「よそ見」をする
③「観察」する
④「法則化」する

という4つ目のステップまで整理することができました。
ここからは、最後のステップである

⑤「表現」する

ということについて、考えていきたいと思います。

「表現」する

ここで改めて、「表現とは何か」ということについて知るために、また国語辞典の意味を調べてみましょう。

［表現］

（1）内面的・精神的・主体的な思想や感情などを、外面的・客観的な形あるものとして表すこと。また、その表れた形である表情・身振り・記号・言語など。特に、芸術的形象たる文学作品（詩・小説など）・音楽・絵画・造形など。「適切な言葉で－する」「－力」「－方法」

（2）外にあらわれること。外にあらわすこと。

＊『大辞林 第三版』より

こうして見てみると、表現とは『自分の内面に「インプット」したことを、何らかの形で外に「アウトプット」すること』という風に捉えることができます。ここでもやはり、「アウトプット」のためには「インプット」が重要であることがわかります。やはり、自分の中にインプットされたものがなければ、そもそも表現をすることはできないのです。

これまでに見てきた4つのステップは、すべて「インプット」のためのものでした。「観察」によって得られた「法則」を使って、今度は「表現」として「アウトプット」する作業です。

養老孟司氏は、著書（＊『逆さメガネで覗いたニッポン』ＰＨＰ文庫）の中で「脳への入力は五感によるもので、出力は筋肉の運動によるものである」ということを書かれています。物の本質を知るためには、ときには手で触ってみたり、においを嗅いでみたりすることが大切であると、「観察」の所でも書きました。まさに「インプット」は、五感を総動員して脳に入力する作業なのです。それを今度は、筋肉の運動を駆使して体の外に出力すればよいのです。

「表現」に関して言うならば、手で絵を描いたり、体全体を使って踊ったり、声帯を震わせて歌を歌ったり、顔の筋肉を使って表情で伝えたりする「コミュニケーション」のためのアウトプット、ということです。例えば写真を撮るということ一つとっても、眼球の動きによって被写体を捉え、指でシャッターを押すという一連の運動なのです。

では、実際に面白いことを「表現」するには、どうしたらいいのでしょうか。ここでヒントになるのが、先ほどの「面白さの法則」です。『「　Ａ　」を「　Ｂ　」すると面白くなる。』という法則を応用して、自分が面白いと思う表現を自由に発想してください。ただそれだけです。答えを投げ出すようですが、「面白さの法則」はあくまでもヒントであって、自由な発想のためのキッカケにすぎません。そこに、正解はないのです。

「正解」との戦い

私たちは、学校の勉強では常に「正解」の求め方を学んできました。しかし、それがそのまま社会では必ずしも通用しないということを、多くの人が知っています。特に「表現」においては、これという正解はないのです。

例えば、コップのデザインをするとしましょう。「コップをデザインしなさい」という課題に対して、ここでの「正解」はおそらく「下がややすぼまっている円柱形のコップ」で間違いはないでしょう。「コップ」と聞いて誰もが頭の中に思い浮かべる、あの形です。コップの機能だけを考えるならば、デザインの条件は次のようなことです。

・水を溜めることができる
・持ちやすい形状と大きさ
・水平な面に置いたときに倒れにくい安定感
・喉を潤すのに適した分量の水が入る容積
・重ねることができる

これらを最もシンプルに解決するデザインを突き詰めると、いわゆる「正解」であるところの、あの典型的なコップが誕生するわけです。しかしこれでは、あまり面白くはありません。コップのデザインにだって、もっと自由度があってもいいはずです。キレイな模様をつけてもいいかもしれないし、取っ手を付けたっていいかもしれません。形状だってグニャグニャしていてもいいかもしれませんし、いろんな色のバリエーションがあってもいいでしょう。

つまり、「表現」に100点満点の「正解」はないのです。むしろ、120点や150点だって取れる可能性があるかもしれないし、200点だってありえるかもしれないのです。これが「表現」の難しいところです。しかし、これも考えようによっては、「だからこそ面白い」とも言えます。

若い人と仕事をしていると、稀に「最短距離でたどり着ける正解を教えてください」というようなことを言われることがあります。「まったく最近の若いものは……」なんて小言を言うつもりは毛頭なく、むしろ、その気持ちもわからなくはないのです。

「効率化」のためには、正解を教えてあげた方がいいのかもしれません。でも、それでは面白くないのです。そもそも、そんなものがあれば最初から教えていますし、「私が考える正解」と「あなたが考える正解」は違っていてしかるべきなのです。そして、仕事の依頼をしてくれている「クライアントの考える正解」や、それを見たり使ったりする「ユーザーの考える正解」もまた、無限に存在するのです。

これはもはや「正解なんてない」と考えた方が、ある意味では正しいのかもしれません。しかし、そこは逆に「正解なんて無限にある」と考えた方が、作る側の気分としては少し希望が持てる気がします。

そして、表現を目的とするならば、最終的にはどこかで必ず決断をしなければいけません。結局は、「正解は自分で決める」ということでしかないのです。

誰にも正解が決められないからといって多数決のような決め方になってしまうと、それはそれで面白くなくなってしまいます。つまりそれは、何度も言うように「予定調和」ということです。誰もが間違いなく「面白い」と思うようなものは、実は「つまらない」可能性があるのです。

グラフィックデザインにおける「レイアウト」も同様です。デザインには、ある一定の作法があります。パッと目を引くようにキャッチコピーをあるべき場所にレイアウトし、順序立てて読みやすいように情報の整理をし、「グリッドシステム」にならって揃える所をピシッと揃えてあげれば、「清く正しいレイアウト」が出来上がります。

しかし、それが取扱説明書のような「正しさ」のみを要求されるものであれば問題はないのですが、多くの人とコミュニケーションを取るための「表現」なのであれば、それだけでは「正解」とは言えないのです。

見る人にとって、より魅力的に「面白い」と思わせるためには、一定の正しさを残しつつも、少し崩してみたりすることが必要になります。一見不要とも思えるようなエッセンスをちょっとだけ加えてみたり、気持ちのいいホワイトスペースを大胆に取ったりするような「ずらし」が必要なのです。この「ずらし」に関しては、次項で詳しく説明します。

結局、最初から決められた正解なんてものは存在しないということです。自分がたどり着いたところが自分の正解だと、決めてしまえばいいだけなのです。

自分の中での正解というゴールを目指すことは、例えるなら山登りのようなものです。目的は頂上に立つことですが、そこにたどり着くためのルートはいくつも存在します。そしてそれは、決してスピードや順位を争うような競争ではありません。焦らず、じっくりと考え、ときには休憩し、無理だと思ったら引き返せばいいのです。一番まずいのは遭難してしまうことです。調子が悪いときは無理をせず、別の山を目指したっていいのです。

さて、「表現」に正解はないという話をここまでしてきましたが、ある程度の「コツ」はあります。それは、面白い表現を最終的に定着するために必要な「2つの考え方」です。章の最後に、この2つの考え方について説明します。

「関連づけ方」と「ずらし方」

ここでお伝えしたい「面白い表現」をするためのコツとなる「2つの考え方」は、「関連づけ方」と「ずらし方」です。この2つは、「面白さの地図」の中で軸としていた「共感」と「差別」の関係性に似ています。2つの考え方の「バランス」をうまくとることで、より面白い表現が可能になるのです。では、まずは「関連づけ方」から見ていきましょう。

何かを表現するとき、それに関連したものを「連想」すると面白いアイデアを発想しやすい、ということを以前に書きました。「共感」の中に分類した「連想」です。見る人が「連想」の元となった「関連性」に気づくことで「共感」が生まれ、「面白い」と感じるのです。「関連づけ」は、アイデア発想の基本となる考え方なのです。

このことは、身のまわりにあるものを見ればよくわかります。例えば、商品の「ネーミング」です。商品名というのは、初めてその商品を目にしたときに、「それが何者なのか」を表す自己紹介のようなものです。人の名前と同じで、様々な由来や願いが込められています。当然、人に覚えてもらいやすいように、発音や語呂などにも工夫が凝らされています。

中でも、医薬品のネーミングには面白いものがたくさんあります。ここでは、あえて名称のみを例として挙げてみます。

例1：コリホグス

例2：ガスピタン
例3：グッドミン
例4：ジキニン
例5：ヨーデル

どうでしょうか。中にはよくご存知のものもあるかと思いますが、こうしたネーミングは、文字だけで見ても何となく「何に効く薬なのか」が想像できるのではないかと思います。

医薬品のネーミングに求められる機能は、いうまでもなく「効果・効能」です。しかし、薬事法などの制約もあり、コピーでの直接的な機能訴求が難しいため、できるだけネーミングとして効果・効能を想起させやすいものに工夫しているのです。そういった事情もある一方で、単純に商品名として「面白い」と感じるのは、「連想」と「ダジャレ」による「共感」の効果に他なりません。

人は、絵でも言葉でも、気になった表現に対して「これはなぜこういう表現になったのだろう?」と、その「関連性」を探りたくなるものです。そして、その「関連性」に気づいたときに、その表現と自分の考えが一致したことに「共感」するのです。そして「共感」が成立すると、その人は「納得」し、最終的に「安心」します。これが「関連づけ」の効果です。

何かを表現する際には、この「関連づけ」がうまくできると、「面白い」と感じるものになります。しかし、この「関連づけ」にも落とし穴があります。

あまりにも的確に、誰もが納得して安心できるようなものに「関連づけ」が成されてしまうと、また例の「予定調和」になってしまう可能性があるのです。これは前の項で説明したように、ある種の「正解」に近づき過ぎてしまった結果であり、言うなれば「予定調和の罠」です。

どういうことか、例題を考えてみましょう。今、あなたはおそらく「本」を手に持っているはずなので、「本」を例にしてみましょう（電子書籍でご覧の方は、すみません。頭のなかで紙の「本」の形を想像してください）。

例えば、「読書週間」を訴求するポスターの課題が出されたとします。そのとき、あなたただったらどんなビジュアルを考えますか?

普段からこうした課題に慣れていない方も多いかと思いますので、ヒントを出します。先ほど述べた「連想」や「関連づけ」の考え方を応用して、「本」を何かにたとえてみましょう。「本」の形からパッと「連想」されるものをいくつか、思いつく限り考えてみてください。

どうでしょうか。いろんなイメージが浮かんだかと思いますが、おそらく多いのは「本が鳥（もしくは蝶）のように羽ばたいている」というビジュアルではないでしょうか。「本」というものから想起されるイメージは、「知識の泉」「知的好奇心」「表現の自由」などです。そういう意味では、『「本」が鳥のように羽を広げて自由に飛んでいるイメージ』は、とても「納得度」が高く、誰もが「安心」できる一つの「正解」だと思います。決して、悪いアイデアではありません。

しかし、それはあまりにも「正しい」ので、勝手な予想ですが、おそらく100人中80人ぐらいが思いつくようなアイデアでしょう。そうなると、いくら正しくても、ありきたりで凡庸な「つまらない」ものに見えてしまいます。うまく「関連づけ」ができていて「正しい」はずなのに「面白くない」ということが、起こりうるのです。

このあたりのさじ加減が、表現の実に難しい所であり、面白い所でもあります。しかし、多くの人が「センス」のせいにして逃げてしまいたくなる所なのではないでしょうか。一体、何がいけなかったのでしょう。

「本」というものは、おそらくほぼ全ての人が知っており、その誰もが手に持って読んだことがある物です。その経験から、『「本」とは、一方の辺が接着された形態を持つ紙の束で、それを両手で持って「鳥の翼のように」広げて読むものである』ということを無意識のうちに知っているのです。

言葉ではそんな風に認識していなくても、過去の経験から、多くの人に共通するイメージを脳の中に持っているはずなのです。だから、「本」＝「鳥の羽」というように、脳の中で瞬時に「関連づけ」しやすいのです。もしかすると、過去にそれに似たビジュアルを見た経験もあるかもしれません。

そう考えると、「関連づけ」から得られる「納得感」や「安心感」というものは、むしろちょっとした「危険信号」です。もちろん、奇をてらえばいいというものではありませんが、より「表現」としての「強さ」や「エッジ」を立てるのであれば、もう少し違った見方も必要になってくるのです。

そこで有効になるのが、「ずらす」ということです。誰もが「連想」しやすいものに安心して落ち着くのではなく、他人とはちょっと違ったアイデアにも考えを巡らす、ということです。「本」の例であれば、その形から連想できるものは、いくらでも考えることができます。

本を広げた形だって見方を変えれば、「人」という字にも見えますし、もっと広げてしまえば「ハート型」にすることもできます。もっと工夫するなら、一冊ではなく何冊も重ねたり組み合わせたりすれば、それはもはやレゴ・ブロックのようなものですから、どんな形状でも作ることは可能になるでしょう。実際に、過去の広告のビジュアルを見渡してみると、いくらでも似たような例があります。

しかしながら、あまりにもずらし過ぎてしまうと、それはそれで、誰にも理解できない「不可解」なものになってしまいます。「関連づけ方」も頃合いが大事であるのと同様に、「ずらし方」も頃合いが大事なのです。

そして、「関連づけ」が「納得感」と「安心感」を与えたように、「ずらし」は「意外性」と「違和感」を与えます。納得感や安心感があるだけでは「予定調和」に陥ることになり、かたや意外性や違和感が強すぎると「不可解」なものに陥ってしまうのです。「関連づけ方」と「ずらし方」のバランスをどう保つかが、「面白い表現」のアウトプットに大きく影響してくる、ということです。

そして、この2つの関係は、「面白さの地図」で示した「共感」と「差別」の関係に似ています。「関連づける」ことで共感が生まれ、「ずらす」ことで差別が生まれるのです。

どちらのいい所も保ちながら、見る相手が「その手があったか！」と思えるような、ちょうどいい「面白さのツボ」を見つけることが大切なのです。

「関連づけ方」は、誰でもハッキリとした答えを見つけやすいと思いますが、「ずらし方」は頃合いが難しいと感じるかもしれません。人はどうしても「わかりやすい」方に傾きやすいのです。それは、とりもなおさず「関連づけ」が「安心」できるからです。「安定」していると言ってもいいかもしれません。

当然、その逆の「ずらす」ということは「違和感」を与えるものですから、それによって「不安定」になり、グラグラと揺らぐものなのです。しかし、だからこそ「違和感」は、人々の注意を引くのだとも言えます。表現に「引っかかり」を持たせることで、「吸引力」が生まれるのです。

ただし、今度は「吸引力」があるだけでは、それはそれでコミュニケーションが成立しなくなってしまいます。誰かがそれを見たときに、「何だこれ？」と気になったのはいいものの、最後まで結局よくわからないのでは、元も子もありません。

理想的には、まずは「違和感」によって「何だこれ？」と気に留めさせてから、よくよく見たら「あ、こういうことか！」と納得できると、コミュニケーションが豊かになります。これは、広告で設計するコミュニケーションの、基本のようなことでもあります。

実際の「関連づけ方」と「ずらし方」のバランスは、当然ケース・バイ・ケースなのですが、ここでは「SAZAE RADIO」を例として考えてみましょう。

これは「貝を耳に当てると海の音が聞こえる」という、誰もが知っている「共感」から連想して、『「貝」と「ラジオ」を関連づけた』表現でした。

このとき、貝の種類については、サザエがたまたま手元にあっただけなので、とりあえず仮のつもりでした。普通だったら、耳に当てる貝は、美しい白い砂浜に似合うような、南国風のオシャレな巻貝を想像しがちです。「貝 耳」などで画像検索すると「いわゆるそれっぽい写真」が実際にいくつか出てきます。それが、多くの人が想像する典型的なイメージです。

しかし、実際にキレイな貝で検証してみると、何となくビジュアル的に面白くない感じがしたのです。こういうことは、実際にテストしてみないとわからないものです。それっぽい貝だと、それっぽいイメージにしかならない、ということに気づいたのです。

つまり、これもまた「予定調和」の罠だったのです。それよりは、むしろ最初に試していたサザエの方が「違和感」があって「面白い」と感じました。これこそが「SAZAE

RADIO」における「ずらし」として効果があったのです。

このように、「面白い表現」をするためには、「関連づけ方」と「ずらし方」のバランスが大事なのです。

「ずらし方」と「視点」

これまでも述べてきたように、「関連づけ」よりも「ずらし」の方が、意識的に行うのが難しい面があります。「関連づけ」の方が「安心感」がある分、そこから外れていくのに勇気が必要なのです。また、「ずらし方」がうまくいかないときは、少し視野が狭くなってしまっている可能性があります。そんなときは固定観念にとらわれず、視点を大胆に変えてみるといいかもしれません。ここで、私が大学の講義などでよくする話を、一つご紹介します。

突然ですがみなさん、頭の中で「木」の絵をイメージしてください。

どうでしょうか。特に正解はないので、あまり深く考えず、パッと頭に思い浮かんだ絵を想像してください。実際に紙に描いてみてもいいでしょう。イメージできましたか？

おそらく、多くの人が大体こんな絵をイメージしたのではないでしょうか。

これらはもちろん、間違いではありません。むしろどれも正解であると言えます。しかし、こうしたイメージは、あくまでも「人間の視点」から見たものです。木というのは本来、光合成をするために、太陽に向かって大きく葉を広げています。もしも木に顔があるとするならば、その顔は上を向いているのかもしれません。とすると、木の正面というのは、実は「太陽から見た様子」かもしれないのです。

「ずらす」ということは「視点を変える」ということです。みんなが「これぞ木だ」と考えている一般的なイメージというのは、もしかしたらただの思い込み（＝バイアス）かもしれないのです。自分の視点、すなわち「主観」は、ときとして自分でも気づかない思い込みや常識、固定観念にとらわれてしまっているものです。

そして「表現する」ということは、

「主観」を「客観」に晒す

ということでもあります。主観による視点だけにとらわれず客観的な視点を持つこと、いろんな見方があるということを、理解する姿勢が大切なのです。

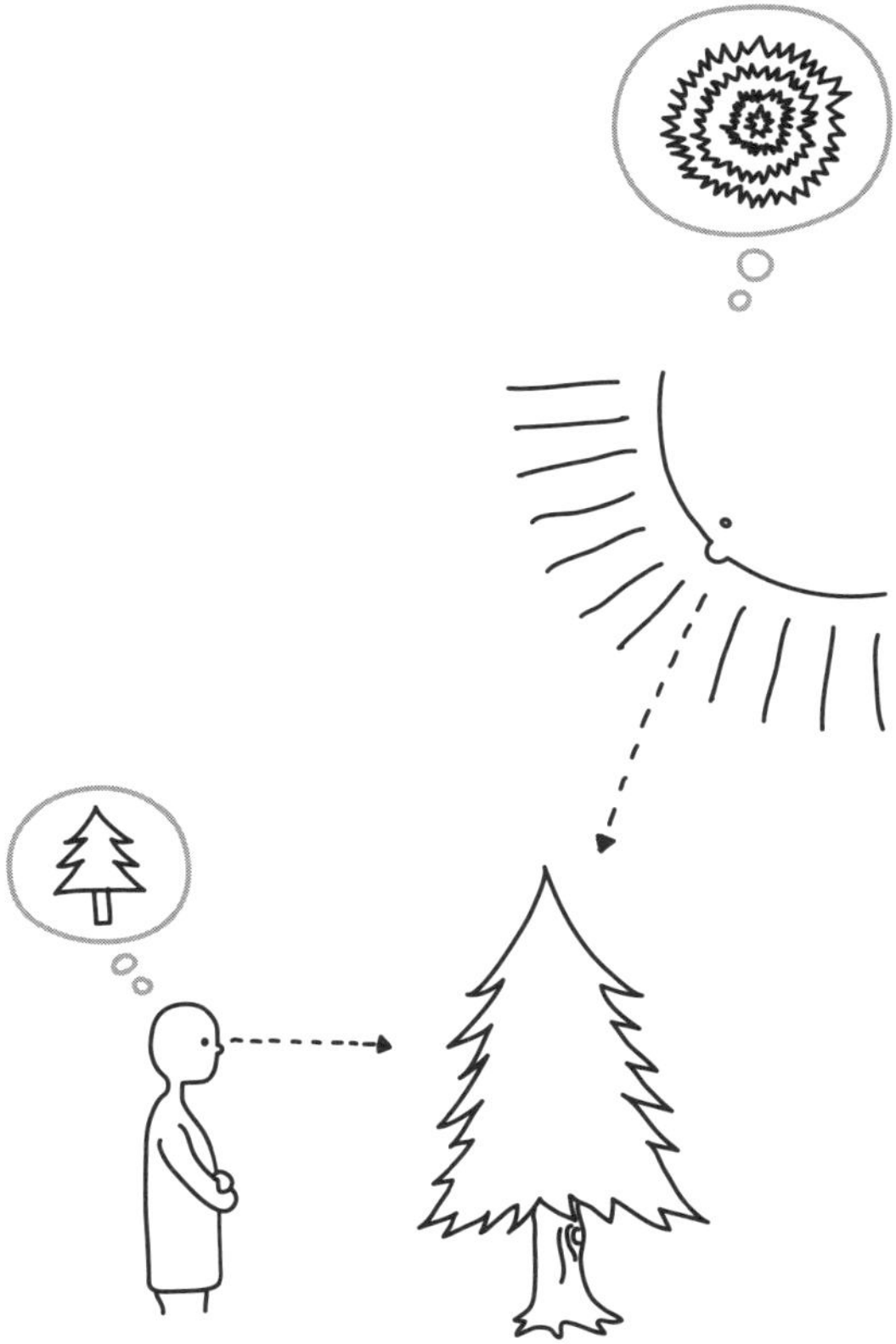

こんど高いところに登る機会があったら、ぜひ木を真上から見てみてください。木は、効率よく光合成をするために、うまく葉の位置が重ならないように枝を伸ばしていることがわかると思います。そして、そこから感じられる自然の法則は、思いのほか美しいものです。固定観念にとらわれず、人と違った視点を意識してみると、普段では気づかないような「面白さ」に、きっと出会えるはずなのです。

そして、「面白い表現をする」ということは、「クリエイティブである」ということでもあります。「面白い表現をするための5つのステップ」をいま一度、思い返してみてください。

①「余裕」を持つ
②「よそ見」をする
③「観察」する
④「法則化」する
⑤「表現」する

この5つのステップは、本書では主に広告やデザイン、もしくはSNSでの表現を例にしてきましたが、実はあらゆるクリエイティブな活動に応用することができます。

意識的に余裕を持ってよそ見をすることで、例えばダンスを好きな人が、何か別のスポーツの動きを観察して、その面白さを取り入れることができるかもしれません。他にも、例えばDIYが得意な人が、現代美術にヒントを見出すようなこともあるかもしれません。常に固定観念にとらわれず、自分なりの新しい視点を持つことが、面白い表現の極意なのです。

第6章

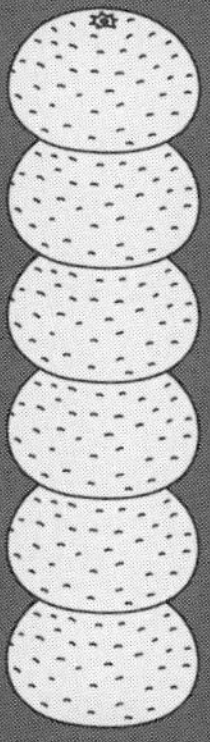

なぜ「面白さ」が必要なのか

「方法論」より「心構え」

さて、ここまではひたすら「面白い表現」をするためのプロセスについて、述べてきました。とはいえ自分でもまだまだ未完成だと思っていますし、「面白さ」という広大な宇宙のすべてについて網羅することとは、おそらく不可能だと考えています。逆に考えれば、それだけ「面白さ」には、まだまだ無限の可能性があるということです。

この本で目指したところは、いわゆる「アイデア発想法」のような明確な方法論ではありません。方法論にがんじがらめになってしまうと、より自由な発想ができなくなると考えているためです。

「面白い表現をするための5つのステップ」を思い返してみてください。何よりも重要な最初のステップを、「余裕を持つ」という一見ゆるくて抽象的な言葉で定義しました。しかし、実はこれこそが、これからの社会にとって本当に大切な「心構え」なのではないかと考えているのです。

例えば、「毎日がつまらない」と感じている人がいるとします。その理由はいろいろ考えられますが、まずはとりあえず、生活の中に少しだけでも「余裕」を持ってみると、きっと世界の見え方が変わるはずです。

さらに、いつもとちょっとだけ歩くスピードを変えてみたり、歩きスマホをやめてみたりして「よそ見」をすれば、何か面白い発見があるかもしれません。それが小さな発見だとしても、つまらない毎日から脱却するためには、十分なキッカケになるはずです。

そして、そこで発見した面白いことを、どう活かすかということもまた、その人次第です。普段の会話のネタにするだけでもいいですし、つまらない仕事を面白くすることに応用してもいいかもしれません。

「インプット」も「アウトプット」も、必ずしも表現だけに当てはまるものではないのです。例えば、その目的が「子育て」だとするならば、子育てに関して「学ぶ」ことが「インプット」であり、そこからある法則を見出して子育ての実践に活用することができれば、それは立派な「アウトプット」になるのです。

子どもと暮らしていると、親と一緒に遊びたがる子どもを「めんどくさい」と感じてしまうこともあります。たしかに、単純に「子どものレベルに合わせて遊びに付き合う」と考えてしまうと、あまり面白くありません。しかし、少しだけ視点を変えてみて、例えば「子どもと一緒に新しい遊びを開発する」と考えてみると、大人も一緒に楽しめますし、仕事に活かせるアイデアにつながるかもしれません。

こちらが大人だからという「上から目線」ではなく、むしろ子どもの方が遊びの先生なのだと考えると、退屈な時間が一気に魅力的なものに変わります。ここでもまた、「余裕を持つ」ということが大事なのです。

これはまた、私の実体験です。

あるとき突然、娘と息子から謎の白い箱を渡されました。持った感触から何かが入っていることはわかるのですが、かなり軽い箱です。子どもたちは、不思議がる私の様子を見てニヤニヤしています。「開けていい?」と聞くと、「絶対ダメ!」と言うのです。そうこうしている内に、箱の中からピピピピピッというアラーム音が聞こえてきました。子どもたちはそれを見て「わー!　爆発したー!」と言って、大笑いしているのです。

箱を開けてみると、中にはポツンとキッチンタイマーがひとつ入っていました。そこでようやく、私はこの遊びの意味がわかりました。彼らは、キッチンタイマーを悪用して、想像上の時限爆弾を作ったのです。このアイデアには、驚かされました。

遊びのルールは簡単です。まず、犯人が適当な時間にセットしたキッチンタイマーを箱に入れ、フタをします。次に、適当なタイミングを見計らって、それを別の人に渡します。あとはそれを繰り返し、アラームが鳴ったときに箱を持っている人が、ボカーン！というわけです。

やはり子どもは遊びの天才であり「面白いことの先生」でもあるのです。そう考えると、子どもと遊ぶ時間というのは、大人にとっても非常に有意義なものに思えてきます。もしかしたら、この経験から「タイマーを目隠しすると面白くなる」という法則を思いつくかもしれません。そして、それを頭の中にストックしておけば、何か新しい遊びや企画を考えるときに応用できる可能性だって十分にあるのです。

もし、子どもと遊ぶのを面倒くさがって参加していなかったら、その「面白さ」を発見できなかったかもしれません。少しの「余裕」が「面白さの発見」につながるというのは、こういうことなのです。

日常生活の中で積極的に「面白さ」を取り込むということが、人生をもっと豊かにしてくれるのです。例えば、自分がセールスの仕事をしているとしたら。顧客との「会話」という「アウトプット」を面白くするために、もっと「共感」できる話題を提供すればいいかもしれません。他にも、例えばマンションの草むし り当番が面倒くさいなと思ったら、草むしりを「陣取りゲーム」と考えると、ちょっと面白くなるかもしれません。

また、余裕を持ってまわりを見渡してみると、普段は気づかないような面白いものを発見することもできますが、逆に、何でもないものの「つまらなさ」に気づくこともあります。何でもない封筒、何でもない小石、何でもない貼り紙、いくらで

そのときの時限爆弾

もあります。

しかし、「つまらない」ということは、面白くする余地があるということでもあるのです。そうしたときにも、「これを面白くするにはどうすればいいか」ということを考えてみると、何か新しい発想が生まれるかもしれません。こうした考え方を、日常生活の「心構え」として持っておくと、毎日が少しだけ楽しくなります。つまり、自分自身の生活そのものを「面白がる」ということが、面白い表現を生み出すための一番のコツなのです。

社会の変遷と「面白さ」の可能性

日本はこれまで「失われた20年」などと言われ、経済的に低迷した期間が続いています。私自身もその真っ只中を働き続けてきましたが、個人的な肌感覚としては、社会全体が「頑張っていなかった」という印象は、まったくありません。むしろ「頑張りすぎていた」のではないかと思っています。だからこそ「余裕」がなくなってしまい、「歯車」がギチギチになってうまく回らなかったのではないかと考えています。

その背景には当然、デジタル化をはじめとするテクノロジーのめざましい進歩がありま す。デジタルに関して言えば、まさに「ムーアの法則」に従うように、幾何級数的に急速な発展を遂げてきました。そして、今も発展し続けています。

世の中はどんどん便利になり、製品やサービスが消費されるサイクルも加速度的に速くなる一方で、景気は低迷の一途を辿っていたわけです。日本はそんなオーバーヒート状態の中で、世界の変化に何とかついていくだけで精一杯だったのではないでしょうか。いや、もしかしたら、もう完全に取り残されていたのかもしれません。

大量生産・大量消費の社会が疑問視されて、社会全体の意識が変わってきたにもかかわらず、企業は資本主義社会の原則に従って、常に右肩上がりに成長しなければならない、というジレンマに悩まされています。そうした結果、世の中全体として、さらに「余裕」を失ってしまっているのではないかと考えられます。

これはあくまでも私見ですが、よく言われる「日本でiPhoneが生まれなかったのはなぜか」ということの理由も、実はこのあたりにあるのではないかと考えています。

当時のガラケーというものは、常に「電話」の延長線上にありました。だからこそ、「電話にはプッシュボタンが絶対に必要である」というバイアスから逃れることができなかったのです。それに対してiPhoneは、名前こそ「Phone」となっていますが、それが提示した新たな文脈は、「電話機能が付いたモバイル・コンピューター」でした。

この発想は、「携帯できる電話」という視点からは生まれないものだったのではないでしょうか。そこから逆算するなら、日本にはiPhoneのような面白いものを生み出すだけの「余裕」と「よそ見」が足りなかった、という風にも考えられるのです。「正しさ」や「効率」ばかりを追い求めていると、突拍子もない新しい視点に気づかないものです。

世の中のあらゆる所で「イノベーションを起こそう！」と叫ばれていますが、本当に世界を大きく変えるほどのことなど、そうそう簡単に起こせるものではありません。そんなことは、心の底では誰もがわかっているはずです。しかし、「それでもやらなきゃいけないんだ！」と躍起になって、焦ってばかりいても仕方がありません。よけいに空回りしてしまうだけです。

本当に世界を変えたいのであれば、まずは自分自身の「いま」の生き方や考え方をシフトするところから始めなければ、何も変わるはずがないのです。つまりは「余裕」を持って「視点を変える」ということです。

イノベーションを起こして未来を変えたいのに、普段と同じような生活をしていては、視野が広がるはずもありません。「いま」の延長線上にある「未来」を変えるためには、まず自分の「いまの視点」をずらす必要があるのです。

よく、競争の激しい市場を指してレッド・オーシャン、反対に、まだ誰も参入していない市場のことを指してブルー・オーシャンと呼んだりします。現在では、あらゆる分野においてブルー・オーシャンなど既にないのではないか、とも言われています。

しかし、レッド・オーシャンだって深く潜ってみればまだ青いかもしれませんし、海がダメなら山に行ったって、宇宙に行ったって構わないのです。ここでも既成概念や常識にとらわれず、大胆に視点を変えること、大胆に「よそ見」をすることが、本当の意味で「イノベーション」のスタート地点になるのではないでしょうか。

さらに言うならば、そもそも「イノベーション」という言葉自体の意味も、疑った方がいいのかもしれません。多くの場合、イノベーションというのはテクノロジーの進歩によってのみ達成されること、という風に思われている節があります。しかし、本当に人間のあるべき未来を考えるなら、「便利な世の中」だけが全てではないはずです。

例えば、「歩きスマホ」という社会問題を解決することができたら、それはそれで十分イノベーションです。それは、少し昔に戻って人間らしさを取り戻すということなのかもしれませんが、何も新しいモノを作ることだけが進歩ではありません。世界を変えるためには、まずは自分のできることを考える。それこそが、本当の意味でのイノベーションにつながるのです。

ちなみに、スマホにハマりすぎている人に「余裕」がないことが「歩きスマホ」の原因ではないかと、前にも書きました。私個人としては、もし仮にこの本を読んだ人によって「歩きスマホをやめてまわりを見渡す余裕を持てば、もっと毎日が面白くなる！」という考えが広がって、歩きスマホをする人が少しでも減少したら、これほど嬉しいことはありません（そんな簡単なことではないのも、重々承知していますが…）。

また、未来に関連して言うならば、「AI（人工知能）」の発達によって、近い内に人間の職業の多くが奪われるのではないかというのも、よく聞く話かと思います。これに関しては様々な意見や予測があるかと思いますが、少なくとも近いうちに起こることではないと、私は考えています。ゲームAI開発者の三宅陽一郎氏と、私の大学の先輩でもある森川幸人氏の共著『絵でわかる人工知能』の中では、このように書かれています。

言うなれば、ほとんどの人工知能は「頑固な専門家」です。与えられた問題の枠の中では、おそるべき優秀さで休まず作業しますが、それとよく似たちょっと違うことでさえ、興味どころか、指一本動かしてくれません。人工知能には人間のような比喩（メタファー）の能力がないのです。人間の脳は有限ですが、比喩の能力によって物事の類似性を捉え、一つの問題のソリューションを、他の問題に広げていきます。

＊三宅陽一郎・森川幸人『絵でわかる人工知能』SBクリエイティブより

つまり、人工知能は「関連づけ」も「ずらし」も苦手、ということだと考えられます。「面白さ」のように数値化できない概念については、AIはそもそも得意ではないのです。多くの人が言うように、創造的な分野においては、まだまだ人間に分があるということでしょう。

つまり「面白さ」を活用するということは、どんな職業においてもこれから先、必要とされることなのかもしれません。「面白い」ということは、極めて人間的な価値観によるものであり、無限の可能性を持っているのです。

「コンテンツ」の時代

一方、これから最も可能性のある分野は「コンテンツ」なのではないかと、私は思っています。何を今さらという感じもしますが、今後の日本の産業において、唯一と言ってもいい金脈なのではないか、とすら考えています。

「コンテンツと聞くと、一般的には漫画やアニメ、ゲーム、映画、小説、音楽などを指します。特に漫画やアニメ、ゲームなどは、日本が世界の中でも圧倒的に突出した影響力と経験値を持っていることは、間違いありません。

しかし、ここでいう「コンテンツ」とは、何もそれらに限ったことではありません。例えばテレビＣＭにおいても、最近では単発のＣＭよりも「コンテンツ」的な側面を持ったものの方が、長く人々に愛される傾向があります。ａｕの「三太郎」やサントリーBOSSの「宇宙人ジョーンズ」などがいい例です。

長く愛されるということは、「ファン」ができるということです。そして、単発のＣＭと最も違うのは、そこに大きな「ストーリー」があるという点です。「ストーリー」があるということは、それだけ長い時間にわたって、ユーザーとの関係性を保つことができます。つまり「飽きが来ないコミュニケーション」が可能になるのです。

もちろん「コンテンツ」は、ある一定の物量を伴うものなので、それを生み出すには相応の体力が必要になります。しかし、コンテンツはその名の通り「中身」なので、根本的には形がないものです。極端な話、一人の人間の頭の中からでも創造しうるものなのです。頭の中で考えるだけであれば、開発コストも生産コストも人件費もかからず、在庫管理も必要ありません。その上、うまくヒットすれば、リターンも大きい世界です。つまりコンテンツそのものは、圧倒的に「コストパフォーマンスの高い商材」なのです。もちろん、ヒットしなければ損害も大きいので、ハイリスク・ハイリターンではあるのですが……。

しかし、先ほども言った通り、日本人はコンテンツを開発するのが得意です。ここまでくれば、もう何が言いたいのかおわかりかと思いますが、この「コンテンツ」や「ストーリー」に必要なことのひとつが、他でもない「面白さ」なのだと思うのです。

この考え方を応用するならば、例えばプロダクトであってもサービスであっても、そこにユーザーを魅きつける「面白いコンテンツ（的なるもの）」を付加することで、長くファンになってもらうことができます。

例えば「スマートスピーカー」も、見方によっては「コンテンツ」を伴ったプロダクトなのではないかと、私は考えています。製品の本体であるスピーカーそのものは、既存のスピーカーと比べて、音を出すための基本的な仕組みは変わりません。言うなれば、ただの「ガワ」です。

そこに「コンテンツ」となる「ＡＩアシスタント」が内蔵されることによって、ユーザーとの間に「コミュニケーション」が生まれます。この「コミュニケーション」が、毎日の生活に新たな「ストーリー」を提供するのです。しかも、そのコンテンツは、必要に応じて供給側からアップデートすることができます。

こんなことは、いままでのスピーカーには到底できないことでした。まだまだ生活のすべてを担うほどの実用性には至っていませんが、将来的にはＡＩがもっと高度化し、ユーザーごとに最適な利便性をもたらすものに進化していくことでしょう。

最近では、サービスの事例でも「コンテンツ」を伴ったものがたくさんあります。例えば「Airbnb」も、考え方によっては「コンテンツ」を提供するサービスであると言えます。

民泊がここまで一般化するまでは、旅といえばホテルや民宿などの宿泊施設に泊まるのが普通でした。しかしそれだけでは、いつ誰が行っても同じような「おきまりのパターン」の旅になってしまいます。これも、例によって「予定調和」です。

しかし、Airbnbを介して民家などに宿泊することで、おきまりのツアーとはちょっと違った、未知の体験をすることができます。みんなで同じ時間に同じ食事をして、同じような部屋の同じようなベッドに寝るということは、冷静に考えると決して面白いものではありません。

民泊が面白いのは、できる限り現地での「実生活」に近い「疑似体験」ができるという点です。旅行者という「よそ者」ではなく、旅先の生活に自然に溶け込むことで、新たな旅の「ストーリー」を体験できるのです。しかも、泊まれる家の数だけ多様な「ストーリー」が用意されているわけです。同じ場所を再訪するときでも、全く異なった「ストーリー」を体験することができます。これはもはや、旅という名のひとつの「コンテンツ」と言っていいでしょう。

このように「コンテンツ」という概念が付加されることによって、スピーカーや旅といったありふれたものに、無限の新しい「ストーリー」が生まれ、それがユーザーにとっての「飽きの来ない面白い体験」につながるのです。

また、「SNS」もある種の「コンテンツ」であると言えるでしょう。TwitterでもFacebookでもInstagramでもTikTokでも、それは『ユーザーの人生という「ストーリー」をコンテンツ化したもの』という捉え方もできるからです。だからこそ、ついつい気になって見てしまうのです。

これらを見渡してみればわかる通り、これからは（というより、もうとっくに）個人がコンテンツ化する時代なのです。そういう時代に必要なことの一つが、やはり「面白さ」です。たくさんのコンテンツが乱立している中、人は当然「つまらないもの」よりも「面白いもの」を選ぶはずです。これだけモノや情報が溢れかえっている中で生き残るためには、いかにして人の「興味をそそるか」ということが、重要なスキルになってくるのです。

「脱中央集権」と「分散化」

これからは「個」の時代であると考えたときに、最近よく聞く「脱中央集権」と「分散化」という言葉が浮かびます。これは言うまでもなく、「ブロックチェーン」に関連してよく使われる言葉です。この本を執筆時点では、まだ仮想通貨は一般的であるとは言いがたい状況ですが、お金はいま、明らかに「中央集権」から「分散化」の流れになっていると感じます。

そもそもお金というものは、「信用」を可視化する技術がなかったために「貨幣」という「ガワ」の姿を借りていただけであって、その実態は「概念」でしかありません。テクノロジーが進化して「信用」を仮想空間上でも再現できるようになった今、お金という「概念」を取り仕切るのは「中央の権威」である必要がなくなりつつある、ということです。

そして、この「脱中央集権」と「分散化」の関係性は、お金の話だけではなく、他のあらゆる分野でも同じ傾向があると言えます。

わりやすい所で言えば、動画視聴メディアです。テレビという「権威」と、NETFLIXやHulu、AbemaTVなどの「分散化」した動画配信メディアとの関係性を見れば、一目瞭然でしょう。YouTubeやTikTokなども同様に、「分散化」した動画視聴メディアであると言えます。すぐにテレビがなくなるとは思えませんが、15年ほど前までは想像していなかった状況であることは確かです。

音楽も、CDという「権威」からSpotifyやApple Musicなどのサブスクリプション・モデルに「分散化」していますし、航空機でもFSCとLCCの関係性が同様であると言えます。スマホのキャリアも、大手という「権威」に対して格安スマホという「分散型」が広がっています。モビリティであれば、「カーシェアリング」や「MaaS（Mobility as a Service)」も、「分散化」の流れと言えるでしょう。

この流れでいくと、ゆくゆくは「仕事」という概念も、「中央集権」ではなく「分散化」されていくという見方もあります。会社や組織という「権威」に頼ることなく、仕事の案件ごとにスキルを持った「個人」がつながり合って、まさにブロックチェーンのように仕事が連鎖していくという構想です。実際に世の中全体がそうなるには、まだまだ時間がかかるでしょうけれど、あながちありえない話でもないと思います。

このように、あらゆる分野において、大量生産・大量消費の時代が終わり、マス発想からコミュニティ発想へと変わりつつあるのです。そして、分散化したコミュニティにおいても、「面白さ」というオリジナリティは、今後必要とされる力のひとつに違いありません。

「分散化」の影響は、表現のアプローチにも影響しています。ここ数年、飲料や化粧品など、店頭ではなくECサイトにおいては、通常よりもおしゃれなパッケージデザインの商品が販売されるようになっています。

どんな商品でも、あの手この手でとにかく目立たせるというのが、店頭におけるデザインの常識でした。雑然とした店頭においては、隣に置かれている競合商品よりも目立たなければ、手に取ってもらえる機会が少ないからです。しかし、ECサイトであればそのような心配はないので、思い切ったデザインができるのです。

パッケージデザインの寿命に関しては以前にも触れましたが、ユーザーの心理としては「どうせ家に置くならおしゃれなものの方がいい」と考えるものです。買い物が「店頭」という「権威」ではなく、「ECサイト」というチャネルへ分散化したことによって、ユーザーにとっても満足度の高い表現が可能になってきているのです。

当然、顧客満足度が上がれば、商品を提供するメーカー側のブランド価値も向上するはずです。そして、デザインという観点から見ても、より自由な表現の可能性が高まります。

分散化することによって新たな競争も生まれ、それがまた、業界の発展にもつながっていくのです。

こうしたことは、他の分野でも今後ますます増えていくでしょう。そうなったときに、今までよりもさらに重要視されてくるのが、やはり「独創性」であり「面白さ」であると、私は考えています。店頭に最適なデザインがあるように、ＥＣサイトに最適なデザインというものが、今後も増えていくのではないでしょうか。

面白さの「多様性」について

「個」の重要性について考える上では、昨今さまざまな分野で注目されている「多様性」に関しても、少し触れておきたいと思います。これは主に、生物そのものや、人種や性別などに使われる言葉です。しかし、もう少しだけミクロに見るならば、「面白さ」ということについても、もっと多様であるべきだと考えています。

最初の方に「面白さコンプレックス」という話をしました。例えば、自分の面白さに自信がないので、会議で思い切った意見やアイデアを通すことができない、という人もいるでしょう。SNSでも、積極的にコミュニケーションすることに苦手意識を感じてしまう、という悩みを持っている人も多いのではないでしょうか。こうしたことは、おそらく多くの人が抱えている悩みです。

しかし、「面白さ」の「正解」は無限にあるわけですから、他人から「面白くない」と言われたとしても、正直あまり気にする必要はないのです。それは単に、相手と「面白さのツボ」が違うだけかもしれませんし、世界のどこかには、自分と同じ感性を持った人が必ずいるはずです。

そしていま、世の中のあらゆる分野で「分散化」が進んでいく中、個人の「面白さ」にもチャンスがどんどん広がっています。例えば、TikTokです。

TikTokが流行っている理由としてよく言われているのは、「基本、口パク動画だからネタを考える必要がなく、気軽に投稿しやすい」ということと、「初心者でも、投稿すれば最初はトップの方に表示される」ということです。他にもいろいろ理由はありますが、少なくともこの2つは、YouTubeなど他のメディアと異なる点です。言うなれば「多様なユーザーに平等に開かれたメディア」であるということがわかります。

その他にも、例えば漫画やイラストなどの投稿サイトも、多様な「面白さ」に開かれたメディアであると言えます。私も、実際に漫画を描いて投稿してみるまではあまり知らなかったのですが、実はいろんなアプリやサイトがあります。作品さえあれば、誰でもすぐに投稿できるようなプラットフォームが、たくさん用意されているのです。これもまた、分散化したコミュニティです。

いまや「面白い表現をする」ということにおいて、世の中に向けて発表するチャンスは、いくらでもあるのです。こうした仕組みがもっと広がっていけば、あらゆる分野の趣味や学問、職業などにも応用されるかもしれません。コミュニティが分散化して多様化すればするほど、あらゆる人に、その人なりの「面白さ」を活かすチャンスが開かれるのです。

面白さが世の中をもっと楽しくする

どうでしょう。そう考えると、少しワクワクしてきませんか。これまでは、大きな権威に頼らざるを得なかったことが、テクノロジーのおかげで、今まで以上にもっと独立したコミュニティに多様化していく可能性があるのです。

もちろん、コミュニティというものが必ずしもユートピアであるとは限りません。閉じたコミュニティになってしまえば、いつの間にかタコツボ化してしまうこともあるでしょうし、その中でのヒエラルキーに悩まされるようなこともあるかもしれません。そうなった場合でも自分が生き残れるかどうかは、結局は「個」の突破力にかかってきます。その突破力の一つのキッカケとなるのが、他でもない「面白さ」なのだと、私は確信しているのです。


ここ数年は特に、「VUCA（Volatility = 変動性、Uncertainty = 不確実性、Complexity = 複雑性、Ambiguity = 不透明性）時代」などと言われ、先行きの見えない混沌とした時代に突入しています。ひどく不安を煽るような言葉ですが、逆に考えれば、変化が少なく、堅実で単純明解な世界なんて、面白いでしょうか？

それはつまり「予定調和」以外の何ものでもありませんし、新しいものや異物が生まれにくい世界であるとも考えられます。大量生産・大量消費も、終身雇用も、就職一括採用も、ゆとり教育も、言うなれば「平均化・平準化」です。より安定した社会を生み出すためのシステムです。そうしたシステムに疑問が噴出した結果が今の破壊的な世の中だとするならば、考えようによっては悲観的なことばかりではありません。
むしろ、面白い時代が目の前にやってきているとも言えるのです。

「おもしろきこともなき世をおもしろく　すみなすものは心なりけり」

この有名な句は、幕末の維新志士、高杉晋作の辞世の句と言われています（下の句は高杉晋作ではなく野村望東尼という女流作家の作だそうです）。歴史が苦手な私でも知っている、数少ない名言の内の一つです。有名な言葉の中で「面白い」という価値に言及したものは、珍しいのではないでしょうか。
これは実際には辞世の句ではないとか、正確には『おもしろきこともなき世「に」おもしろく』であったとか、解釈にも諸説あるようですが、それはそれとして。
私の解釈はこうです。

「面白いことがないと思えるような世の中でも、面白がれるかどうかは自分の心次第」

単純に比べられるものではありませんが、ＶＵＣＡの意味を改めて見直してみると、何となく今の時代は幕末の世相と似ているような気もします。しかし、混沌とした時代だからこそ、逆にチャンスがあるとも考えられます。むしろ、そんな世の中すらも面白がれる人生の方が、よっぽど得なのではないでしょうか。

だって、面白い方がいいに決まっているじゃないですか。

あとがき

ここまで読んで頂いたみなさん、本当にありがとうございました。なにぶん初めて書いた長文ですので、お見苦しい点も多々あったかと思います。それでもみなさんにとって、何か一つだけでも得るものがあったとしたなら、これほど嬉しいことはありません。

改めて振り返ってみて、「なぜこの本を書いたのか」ということを、自分の中で整理してみました。ちょっと大げさなことを言うならば、「日本のクリエイティビティを元気にしたい」という思いが、実はどこかにあります。私などが言うのもおこがましいのですが、これは私の人生におけるテーマのひとつです。日本には、無限のポテンシャルがあると確信しています。

しかしみなさん、「面白いこと」を考えるだけの「余裕」が、ちょっとだけ足りないのではないでしょうか。もちろん、自戒も込めて。この本を読んだみなさんには、ぜひ率先して「余裕」を持って頂いて、世の中をもっと面白くすることを、考えてみてもらえればと思います。

また、この本を書いたことで、もう一つ発見した「面白さの法則」があります。

それは、

「やりたいこと」を「とにかくやってみる」と、人生が面白くなる。

ということです。これはぜひ、みなさんにも実行して頂きたい法則です。

さて、この場を借りて、この本を書くにあたって協力を賜った方々にお礼を述べたいと思います。まずは、最初にこの企画を面白がって頂き、出版のきっかけを作ってくれた「企画のたまご屋さん」の森久保さん、本当にありがとうございました。かけがえのない一冊を作ることができました。

また、「SAZAE RADIO」でお世話になったbayfmさんをはじめ、今まで様々な仕事で関わらせて頂いたみなさま、このような文章を書けるだけの経験を得られたことに感謝します。

そして、自分勝手な活動にも快く賛同して、応援し続けてくれた家族のみんなに感謝します。いつも面白い毎日が送れているのは、君たちのおかげです。本当にありがとう。

最後になりますが、この本の企画を採用し、世に出るかたちにして頂いたCCCメディアハウスの鶴田さん、誠にありがとうございました。ズブの素人の文章にもかかわらず、的確にアドバイスして頂き、大変勉強になりました。おかげさまで、人生の目標を一つ達成することができました。

みなさま。これからも面白くやっていきましょう。よろしくお願いします。

〈参考文献〉

ホイジンガ　高橋英夫 訳『ホモ・ルーデンス』（中公文庫）
ロジェ・カイヨワ　多田道太郎・塚崎幹夫 訳『遊びと人間』（講談社学術文庫）
ジェームス・W・ヤング　今井茂雄 訳『アイデアのつくり方』（CCCメディアハウス）
養老孟司『考えるヒト』（ちくま文庫）
養老孟司『逆さメガネで覗いたニッポン』（PHP文庫）
山鳥重『「わかる」とはどういうことか――認識の脳科学』（ちくま新書）
山鳥重『「気づく」とはどういうことか――こころと神経の科学』（ちくま新書）
橋本治『「わからない」という方法』（集英社新書）
池上彰『〈わかりやすさ〉の勉強法』（講談社現代新書）
戸田智弘『学び続ける理由　99の金言と考えるベンガク論。』（ディスカヴァー・トゥエンティワン）
加藤昌治『考具』（CCCメディアハウス）
秋元康『企画脳』（PHP文庫）

若林恵『さよなら未来　エディターズ・クロニクル２０１０－２０１７』（岩波書店）
齋藤孝『日本人は何を考えてきたのか――日本の思想１３００年を読みなおす』（祥伝社）
永田良昭『心理学とは何なのか――人間を理解するために』（中公新書）
各務太郎『デザイン思考の先を行くもの』（クロスメディア・パブリッシング）
外山滋比古『思考の整理学』（筑摩書房）
外山滋比古『考えるとはどういうことか』（集英社インターナショナル）
外山滋比古『アイディアのレッスン』（ちくま文庫）
外山滋比古『文章を書くこころ』（ＰＨＰ文庫）
本多勝一『〈新版〉日本語の作文技術』（朝日文庫）
野口悠紀雄『「超」文章法』（中公新書）
古賀史健『20歳の自分に受けさせたい文章講義』（星海社新書）
三宅陽一郎・森川幸人『絵でわかる人工知能　明日使いたくなるキーワード68』（ＳＢクリエイティブ）

[著者略歴]

岩下 智（いわした・さとる）

1979年 東京生まれ。筑波大学芸術専門学群視覚伝達デザイン専攻を卒業後、2002年電通に入社。以来、アートディレクターとしてグラフィック広告のみならず、TVCM、Webサイト、アプリ開発、プロダクトデザイン、サービスデザイン、ゲームデザインなど様々な仕事に携わりながら、自らイラストやマンガも描く。主な仕事に「Honda FIT」「KIRIN のどごし 夢のドリーム」「bayfm SAZAE RADIO」など。国内・海外の広告賞受賞多数。筑波大学非常勤講師。著書に「EXPERIENCE DESIGN」「IDEATION FACTORY」（どちらも共著／中国伝媒大学出版社）。

https://s-iwashita.myportfolio.com

「面白《おもしろ》い！」のつくり方《かた》

2019年7月8日　初版発行

著　　者　岩下 智

発 行 者　小林圭太

発 行 所　株式会社CCCメディアハウス

〒141-8205

東京都品川区上大崎3丁目1番1号

☎03-5436-5721（販売）

☎03-5436-5735（編集）

http://books.cccmh.co.jp

印刷・製本　豊国印刷株式会社

ISBN978-4-484-19221-5